3 Hábitos Fáciles

para Redes de Mercadeo

AUTOMATIZA TU ÉXITO EN MLM

KEITH Y TOM "BIG AL" SCHREITER

3 Hábitos Fáciles para Redes de Mercadeo
© 2019 by Keith y Tom "Big Al" Schreiter

Publicado por Fortune Network Publishing

PO Box 890084
Houston, TX 77289 Estados Unidos
Teléfono: +1 (281) 280-9800

BigAlBooks.com

ISBN-13: 978-1-892366-88-7

ISBN-10: 1-892366-88-6

CONTENIDOS

Viajo por el mundo más de 240 días al año.
Envíame un correo si quisieras que hiciera
un taller "en vivo" en tu área.

→ BigAlSeminars.com ←

¡OBSEQUIO GRATIS!

¡Descarga ya tu libro gratuito!

Perfecto para nuevos distribuidores. Perfecto para
distribuidores actuales que quieren aprender más.

→ BigAlBooks.com/freespanish ←

Otros geniales libros de Big Al están disponibles en:

→ BigAlBooks.com/spanish ←

PREFACIO

¿Quieres saber un secreto?

¿Quieres construir tu negocio sin estrés ni fuerza de voluntad masiva?

¿Quieres construir tu negocio 24 horas al día, inclusive mientras duermes?

Aquí está el secreto:

Hábitos.

Tal vez pensemos que los hábitos son aburridos, pero esto es lo que me ocurrió.

Estaba comiendo con Steve Scott, un experto sobre hábitos. Steve me explicó cómo los hábitos transformaron su vida.

Y entonces, lo comprendí.

¡Los hábitos son automáticos! ¡Indoloros! No nos damos ni cuenta cuando los estamos realizando.

Los hábitos son fáciles por que… bueno, ya son un hábito.

Así que este es nuestro plan:

1. Crear un hábito nuevo (esto es tarea de una ocasión).

2. Poner nuestro nuevo hábito en piloto automático.

3. Permitir que nuestro nuevo hábito construya nuestro negocio en automático.

Un concepto muy simple.

Gracias, Steve, por dejarlo tan claro.

—Tom "Big Al" Schreiter

CÓMO FUNCIONA ESTE LIBRO.

Primero, aprenderemos un poco sobre cómo trabajan los hábitos. (Sólo un vistazo general, ya existen varios grandes libros sobre la ciencia de los hábitos.)

Segundo, aprenderemos cómo crear hábitos que hagan que nuestro éxito en redes de mercadeo sea más automático.

Tercero, descubriremos pequeños trucos y atajos que incrementarán nuestras posibilidades de construir hábitos.

¿Vale el esfuerzo de aprender un nuevo hábito?

Nos gusta este extracto de un boletín informativo de Nick Stephenson cuando habla sobre su hijo:

"Mi hijo mayor aprendió a caminar hace unos 18 meses. Y ha continuado desarrollando el hábito.

Pero lo que a menudo olvidamos es que, pasó más de 12 meses fracasando miserablemente en ello. Luego, un día, fracasó lo suficiente y supo cómo hacerlo bien."

Así que prepárate para aprender más sobre cómo funcionan los hábitos.

EL PODER SECRETO DE LOS HÁBITOS.

Desarrollamos el hábito de ponernos la ropa antes de salir de nuestra casa.

¿Cuántas veces lo hemos olvidado? Ninguna que tengamos memoria.

Nuestros hábitos se realizan automáticamente.

No se requiere fuerza de voluntad.

Y esto es el secreto de este libro.

Buenos hábitos.

- Hacer seguimiento con nuestros mejores prospectos.
- Regresar las llamadas telefónicas a tiempo.
- Reunirse con prospectos personalmente.
- Apartar tiempo para desarrollo personal diariamente.
- Tener mente abierta.
- Escuchar con atención.
- Hacer una lista de tareas.
- Llegar a tiempo, siempre.
- Contar historias, no sólo datos.
- Promover eventos.

Malos hábitos.

- Hacer el mínimo esfuerzo.
- Rodearnos de personas negativas.
- Olvidar nuestras prioridades.
- Postergar nuestras tareas más importantes.
- Criticar a otros.
- Mirar inconscientemente la TV mientras pasan las horas.
- No asistir a eventos de la compañía.
- Evitar el ejercicio.
- No fijar metas.

Vaya, eso fue fácil.

Es fácil hacer listas y hablar sobre hábitos. Pero hablar es barato.

¡Este no es nuestro reto!

Nuestro reto es **crear** nuevos hábitos que nos ayuden. Queremos hábitos que automáticamente nos muevan hacia nuestras metas. Así es, nuestros hábitos pueden hacernos exitosos.

LAS BUENAS Y MALAS NOTICIAS.

Primero, las buenas noticias.

Las buenas noticias son que los hábitos pueden cambiar nuestras vidas. Los hábitos pueden poner nuestro éxito en piloto automático. Y los hábitos pueden hacer que las actividades desagradables ocurran sin utilizar cantidades descomunales de fuerza de voluntad.

En otras palabras, los hábitos son asombrosos.

Ahora, tenemos las malas noticias.

Las malas noticias son que los hábitos no suceden por sí mismos. Tomarán esfuerzo. Si estás leyendo este libro, probablemente tienes una carrera de tiempo completo, familia, vida social, y un negocio en redes de mercadeo.

Fijar metas, ser positivos, crear nuevos hábitos y aprender nuevas habilidades de trato con personas puede ser abrumador.

Piensa en grande. Comienza en pequeño.

Relájate. En este libro, sólo te pediremos que crees un hábito a la vez. Es todo.

¿Por qué? Por que si comprendemos cómo se forman los hábitos, podemos crear pasos nuevos y hábitos nuevos. Luego, tendremos nuestra propia plantilla personal para crear todos los hábitos adicionales que deseemos.

Sólo crea un hábito nuevo. Observa cómo ese hábito construye nuestro negocio de redes de mercadeo en automático, con casi nada de esfuerzo de nuestra parte. Cuando vemos que esto ocurre, nos hacemos adictos a crear nuevos hábitos.

Por ejemplo, digamos que nos atemoriza hacer llamadas telefónicas con prospectos. ¿Qué tal si estas llamadas se convirtieran en algo natural y automático? ¿Qué tal si estas llamadas fuesen parte de nuestra rutina diaria? Tal vez serán tan naturales como cepillar tus dientes en las mañanas.

Ahora, eso sería emocionante. No más estrés. No más fuerza de voluntad agotadora. Esas llamadas telefónicas son ahora parte de nuestra rutina normal de todos los días.

Queremos reemplazar las actividades difíciles con hábitos que sucedan naturalmente.

LA FUERZA DE VOLUNTAD ESTÁ SOBREVALUADA.

Los hábitos son más importantes que las metas.

Las metas usan fuerza de voluntad todos los días. Si dependemos puramente de nuestra fuerza de voluntad, estamos acabados.

Nuestra mente consiente sólo tiene una cantidad limitada de fuerza de voluntad cada día. Utilizamos esa fuerza de voluntad rápidamente. Y luego, durante el resto del día, caemos de vuelta en nuestros hábitos regulares. Piensa solamente en lo fácil que es caer en nuestros viejos malos hábitos en la tarde cuando estamos agotados.

Los hábitos ocurren naturalmente. Es lo que hacemos. Es nuestra "configuración predeterminada."

¿Necesitas ejemplos de cuando se agota la fuerza de voluntad? Cuando nos quedamos sin fuerza de voluntad durante el día, nosotros automáticamente:

- Miramos inconscientemente la TV hasta que estamos tan cansados como para seguir mirándola.
- Comemos chatarra debido a que es conveniente y estamos cansados para cocinar.

- Escuchamos música para relajarnos.
- Exploramos el internet durante horas.
- Reorganizamos la lista de tareas por 100ma. ocasión.
- Fijamos nuevas metas que nunca nos pondrán en movimiento.
- Soñamos despiertos sobre lo que sucedería si nuestros sueños se hicieran realidad.

Y ahora, el tiempo se fue. El día ha terminado. Nuestros hábitos trabajaron en piloto automático y concluyeron nuestro día.

La fuerza de voluntad tiene límites.

La fuerza de voluntad proviene de la mente consciente, la parte más débil de nuestro cerebro. Esto requiere de energía. Y si la tarea o la meta es enorme, esto requerirá de más energía mental de la que poseemos cada día.

Pensar nuestro camino al éxito es un mal plan.

Los hábitos son automáticos.

Como hemos visto, cuando estamos cansados, regresamos a nuestros hábitos por defecto. Inclusive si estamos cansados, realizamos nuestros hábitos programados, tales como:

- Cepillar nuestros dientes.
- Tomar un baño.
- Comer.
- Atar los cordones de nuestros zapatos antes de caminar.
- Conducir por el lado correcto del camino.
- Comenzar el día con una taza de café.
- Terminar el día con un tazón de helado.

- Sonreír cuando decimos "Hola" a un desconocido.
- Sujetar el teléfono con nuestra mano dominante.
- Llegar 5 minutos tarde al trabajo.
- Salir de la oficina 5 minutos antes.
- Tomar la misma ruta desde el trabajo a la casa.
- Comprar suministros en la misma tienda.
- Revisar nuestras redes sociales cuando tenemos trabajo.
- Comer la misma cantidad de rosquillas durante el descanso.
- Calzar el zapato izquierdo antes del derecho.
- Arrojar la ropa sucia en el mismo lugar cada noche.
- Reaccionar ante los conductores descorteses de la misma forma.
- Mirar la misma serie todas las semanas en televisión.
- Revisar los mismos sitios web diariamente.
- Tomar nuestros descansos en el trabajo a la misma hora.
- Evitar limpiar nuestro escritorio.
- Leer el diario por las mañanas.

Así es, vivimos una rutina programada. La mayoría de las cosas que hacemos son simplemente hábitos.

¿QUIENES SOMOS?

Somos una acumulación de nuestros hábitos.

Seguro, podemos conscientemente cambiar nuestra actitud o actividades a través de la fuerza de voluntad pura. Pero, la fuerza de voluntad se debilita. Eventualmente nuestros hábitos por defecto toman el control.

Mira a Mary. ¿Constantemente está feliz? Ella creó el hábito de reaccionar con una perspectiva feliz ante los eventos de su vida.

¿Qué hay de Bill? ¿Se queja constantemente? Él creó el hábito de enfocarse en los aspectos negativos de los eventos en su vida.

No importa qué tan duro tratemos con la fuerza de voluntad, nuestros hábitos tomarán el control cuando nuestra fuerza de voluntad se debilite.

La fuerza de voluntad es difícil de mantener, y nos agotamos rápidamente.

Es por ello que los hábitos son importantes en redes de mercadeo. Los hábitos que construimos pueden movernos constantemente hacia nuestras metas.

Estamos en piloto automático.

Nuestras mentes conscientes pueden manejar un pensamiento a la vez. Es todo. Lo que sea que entre en nuestro enfoque, podemos controlar ese pensamiento.

Desafortunadamente, debemos de hacer cientos de decisiones cada minuto, sólo para permanecer con vida. Y todas estas decisiones se toman automáticamente por la mente subconsciente.

¿Qué es la mente subconsciente?

Aquí hay una simple explicación que podemos utilizar para nuestro estudio sobre los hábitos. Nuestra mente subconsciente es "una colección de programas automáticos y hábitos."

Así que casi todo lo que hacemos es un programa o hábito que hemos desarrollado durante el tiempo. ¿Algunos ejemplos de estas decisiones automáticas?

- Abrir el ventrículo izquierdo del corazón para permitir movimiento de sangre.
- Mover 40% de energía a este músculo.
- Parpadear simultáneamente.
- Crear 30,000 enzimas digestivas nuevas.
- Activar el muslo para mantener el equilibrio.
- Comenzar otra respiración.
- Sonreír a la persona que está pasando por un lado.
- Decir "No, gracias, sólo estoy mirando" al vendedor del almacén.

- Mantener el coche en el carril correcto mientras nos concentramos en la música del radio.
- Girar en la intersección donde siempre hacemos el giro.
- Maldecir el despertador.
- Ser escépticos ante los vendedores.
- Agregar sal a nuestro platillo con la misma mano.
- Eliminar células T4 viejas.
- Ponernos la ropa interior antes que el pantalón.
- Sentarnos en el mismo lugar para comer.
- Mantener la misma quejumbrosa conversación en la cafetería de la oficina.
- Revisar cómo lucimos cuando pasamos frente a un espejo.

La lista podría continuar. Todas estas decisiones son automáticas, fuera de nuestra fuerza de voluntad y control consciente.

Realmente somos una colección de nuestros hábitos. Vivimos nuestras vidas en piloto automático.

Cambiemos nuestros hábitos, cambiemos nuestra vida.

Si deseamos cambiar nuestras vidas, simplemente cambiemos nuestros programas y hábitos. Luego, los cambios ocurrirán automáticamente, sin la necesidad de la agotadora fuerza de voluntad.

Podemos descansar, tal como hacen los pilotos de las aerolíneas comerciales, cuando los ajustes del piloto automático vuelan el avión sin fallar durante horas.

Y tal como los pilotos de aviones, podemos decidir cómo programar nuestros ajustes de piloto automático para llegar a donde queremos. Nuestro trabajo es desarrollar nuevos hábitos, y dejar que nuestros nuevos hábitos nos lleven a donde queremos ir.

¿El piloto automático funciona en nuestro negocio de redes de mercadeo?

¡Claro! De hecho, ésta es la mejor y más efectiva manera de construir nuestro negocio. Tenemos hábitos debido a que son naturales y fáciles de hacer. Es nuestra configuración predeterminada.

¿Quieres disfrutar el proceso de construir tu carrera en redes de mercadeo? Por supuesto. Entonces, ¿por qué no hacer el proceso agradable y natural? ¡Y en automático!

No hay necesidad de sentir culpas cuando nuestra fuerza de voluntad se agote. En lugar de eso, dependeremos de nuestros hábitos para que nos lleven cómodamente hacia nuestras metas.

¿Será difícil o incómodo crear nuevos hábitos?

Las técnicas simples de este libro lo harán más fácil. Los hábitos nuevos requieren esfuerzo y habilidad, pero piensa en la alternativa. Si dependemos de tomar decisiones conscientes basadas en fuerza de voluntad siempre… bueno, eso es demasiado difícil. Los hábitos nuevos son la mejor manera de llegar a nuestras metas.

¿Necesitas algunos ejemplos simples de crear hábitos nuevos?

Afeitarse. Si normalmente comenzamos a afeitar el lado izquierdo de nuestro rostro, hemos creado un hábito. Se sentiría extraño afeitar primero el lado derecho de nuestro rostro.

Pero, comienza a afeitar el lado derecho de tu rostro primero, y en sólo una semana, se sentirá normal y cómodo. Un nuevo hábito. Simple.

O, entrelaza tus manos y mira cuál pulgar queda arriba. ¿Es el derecho? ¿El izquierdo? Suelta tus manos y cambia, coloca el pulgar contrario arriba. La mayoría de las personas dirán que esto se siente un poco raro.

Espera otros 30 segundos, hazlo de nuevo. Ahora se siente un poco menos raro. Suelta tus manos y hazlo de nuevo una y otra vez. Pronto, el sentimiento extraño no regresa. Ahora se siente más normal. Tal vez no es un hábito todavía, pero estamos haciendo avances.

Sí, podemos crear nuevos hábitos. Algunos hábitos se desarrollan rápidamente. Otros hábitos toman tiempo. Por ejemplo, una joven mujer comienza a cargar un bolso. Al principio, olvida el bolso a menudo. Después de algunos meses, recordar cargar el bolso se hace automático.

Recuerdo mi primer teléfono móvil. Era tan fácil dejarlo olvidado en restaurantes y casas de amigos. Me tomó meses desarrollar el hábito de recordar llevar el móvil conmigo antes de salir del lugar.

¿Toma 21 días crear un nuevo hábito?

Obviamente no. Tomó meses para recordar consistentemente el bolso o el móvil. Aún así, pon tu mano sobre una estufa caliente, y creamos un hábito instantáneamente y nunca tocaremos una estufa caliente jamás.

No es la cantidad de tiempo lo que crea el hábito. Los dos factores más grandes que construyen hábitos son:

1. Qué tan importante es el resultado para ti.

2. La intensidad de la experiencia.

Entonces hacer algo una y otra vez ayuda, pero no nos garantiza un hábito para toda la vida.

Pero hay algunas buenas noticias sobre crear un hábito nuevo.

El efecto dominó.

Cuando niños, todos jugamos con dominós. Una actividad divertida era acomodar 10, 100 o tal vez 1,000 dominós en fila. Luego, empujar el primer dominó y mirar cómo cada uno hacía caer al siguiente en nuestra creación.

El récord mundial ostenta 500,000 dominós en una secuencia perfecta. Vaya récord. La reacción en cadena ocurre sin esfuerzos adicionales de nuestra parte.

Ese efecto dominó fue detectado por un estudio médico de la Northwestern University.

El efecto dominó en la vida real.

Mike decide perder peso. No arriesgará su fracaso al intentar usar la fuerza de voluntad para lograr su meta de pérdida de peso. No, él cambiará sólo un hábito, y luego dejará que el efecto dominó actúe automáticamente en cascada para crear hábitos nuevos en su vida. Aquí está su plan:

1. Comenzará en pequeño. No seleccionará algo difícil. Sólo un pequeño nuevo hábito que tendrá la mejor probabilidad de éxito.

2. En lugar de matarse de hambre, evitar los aromas de alimentos, o destrozar los aparatos del gimnasio local, Mike decide un primer paso fácil. Decide crear el nuevo hábito de levantarse de la cama 20 minutos antes todos los días.

Para compensar por cualquier dificultad, Mike puede ajustar al irse a la cama 20 minutos antes todas las noches.

3. Cuando Mike se levanta temprano, todo lo que tiene que hacer es tomar una corta caminata de 20 minutos.

4. Mike disfruta su tiempo en calma durante su caminata de 20 minutos todas las mañanas. Durante su placentero recorrido él planea su día tranquilamente, despeja su mente, o si prefiere, sólo escucha su música favorita.

Un año después, Mike es 20kg más ligero.

El efecto dominó para Mike.

¿Esa pequeña caminata de 20 minutos quemó todas esas calorías? No.

¿La caminata de 20 minutos fue el factor más grande en su pérdida de peso? No. ¿Entonces qué ocurrió?

El nuevo hábito de caminar 20 minutos desencadenó una reacción en cadena. Durante su caminata, Mike pensó sobre sus opciones. Gradualmente comenzó a cuidar sus alimentos. Comenzó a cenar cada vez menos por las noches. Tomó menos cerveza cuando regresaba del trabajo.

¿Esto fue difícil al principio? Un poco, pero no fue abrumador. Después de todo, sólo era una pequeña caminata de 20 minutos durante la mañana.

Mike notó que se sentía mejor durante el día. Tenía más energía durante el día entero. Y, Mike se sentía mal los días que perdía su atesorada caminata matutina.

Con el tiempo, Mike experimentó menos estrés, tomó menos medicamentos, gastó menos dinero en cerveza, y gastó menos dinero en sodas y otros estimulantes. Estos nuevos hábitos vinieron de una simple decisión de levantarse 20 minutos más temprano para una relajada caminata. Esta simple decisión desencadenó una reacción en cadena que condujo al éxito de Mike.

¿Pero qué hay de nuestro negocio de redes de mercadeo?

¿Podríamos comenzar con una actividad diaria de 15 minutos que pueda comenzar este efecto dominó en nuestro negocio de redes de mercadeo? ¿O qué tal comenzar con una actividad de sólo cinco minutos? O si eso es muy difícil, ¿una actividad de dos minutos?

Nosotros somos el piloto. Podemos programar el piloto automático para que realice la actividad automáticamente por nosotros cuando creamos el hábito adecuado.

Tal como el piloto, todo comienza con nosotros. La magia no sucede a menos que hagamos algo para comenzar. Debemos decidir:

1. A dónde nos dirigimos.

2. Las actividades o hábitos diarios que queremos.

3. Y de ser necesario, deberemos de aprender las habilidades necesarias para hacer que nuestros hábitos sean efectivos.

Los hábitos son maravillosos.

Los hábitos son nuestros amigos.

Los hábitos nos propulsan hacia nuestras metas... automáticamente.

Nosotros somos... peloton... deporte... mantener el físico
automáticamente... hacer la actividad... cambiar... por
nosotros... mantener el hábito adecuado.

El equipo... reto... habrá... enfrentar con... mismo. La mejor
estrategia a... lograr... que las grandes victorias comienzan. Debemos
decidir...

1. A donde nosotros vamos...

2. Las actividades o hábitos diarios que queremos...

3. Nos... necesario... lo... cambiar... de... que... los... resultados...
necesarios... para hacer que nuestros hábitos sean... y que...

Los hábitos son maravillosos.

Los hábitos nos mejoran... vida.

Los hábitos nos propulsan... automática... mental... emo...
físicamente.

HÁBITO #1: DESARROLLO PERSONAL.

Comencemos creando un hábito fácil. ¿Este será el único hábito que desarrollemos? Por supuesto que no.

Pero los consejos y estrategias en este libro tomarán más sentido una vez que observemos este primer ejemplo de crear un hábito.

"Quiero ser más positivo."

Este podría ser nuestro primer reto cuando comenzamos nuestra carrera en redes de mercadeo. Sí, nos acostumbramos un poco a nuestro ambiente negativo.

Noticias negativas en televisión, comentarios negativos en internet, conversaciones negativas en el trabajo, círculos sociales negativos… todo se suma. Esta acumulación de negatividad limita nuestra creencia en nuestro potencial.

¿El antídoto? Desarrollo personal.

Las impresiones negativas limitan nuestra habilidad de creer en las nuevas posibilidades que nos permite una red de mercadeo.

Requerimos balancear esta sobrecarga de impresiones negativas. ¿Cómo?

Al exponernos diariamente al desarrollo personal positivo.

Los líderes en redes de mercadeo lucen tan positivos. Por supuesto que es fácil para ellos creer en posibilidades, ¡ya experimentaron las posibilidades!

Sin embargo, los líderes no comenzaron con una creencia total en ellos mismos y sus negocios. Ellos desarrollaron esta actitud con el tiempo. ¿Cómo?

- Escucharon audios de motivación.
- Leyeron biografías de personajes exitosos.
- Asistieron a talleres y seminarios.
- Se asociaron con personas más positivas cuando tenían posibilidad.

Estos líderes realizaron estas actividades consistentemente. Convirtieron estas actividades en hábitos.

"No tengo tiempo de hacer eso."

Ah, ¡pero aquí es donde los hábitos vienen al rescate! Las excusas funcionan cuando tratamos con la mente consciente, cuando debemos de pensar sobre una decisión.

¿Pero los hábitos? Ellos sólo suceden en automático.

¿Cuál es la excusa más fácil que podemos usar para no invertir tiempo en nuestro desarrollo personal?

"No tengo tiempo de hacer eso."

¿Adivina qué? Ninguno de nosotros tiene tiempo. Todos estamos tan ocupados con nuestras vidas, familias, trabajo y nuestras actividades diarias.

Así que en lugar de pelear con esta excusa usando fuerza de voluntad, instalaremos un nuevo hábito en nuestras vidas.

¿Aún estás convencido de que no tienes tiempo para formar un nuevo hábito? Bien, ¿cuánto tiempo pierdes por día hablando sobre el clima?

¿O cuánto tiempo pierdes en redes sociales, mirando fotografías de lo que tus amigos lejanos comen?

Los hábitos suceden.

El lugar de tratar de "hacer tiempo." podríamos agregar un hábito a nuestra rutina diaria.

Tengo un amigo que se llama Alejandro. Todas las mañanas cuando se baña, escucha audios de desarrollo personal. En lugar de escuchar música o sólo silencio, él llena su mente con nuevas creencias y habilidades que lo muevan en su carrera.

¿Cuánto esfuerzo y fuerza de voluntad toma esto? Nada. Es así de fácil.

Debe de bañarse y prepararse para su día de todas formas. Todo lo que necesita hacer es presionar "Play" en su teléfono y escuchar audios mientras se prepara. Una mentalidad más positiva e ideas nuevas son enviadas a su cerebro, sin esfuerzo.

Otro amigo, David, tiene una pasión por comprender cómo la mente humana toma decisiones. Él encuentra más agradable leer un libro sobre este tema que mirar televisión hasta tarde en la noche. Cada noche, mejora su conocimiento y comprensión de la mente humana. No extraña para nada la influencia negativa del bloque de noticias nocturno.

¿Cuánto esfuerzo y fuerza de voluntad toma esto? Nada. Es así de fácil. David disfruta leer.

Mi padre detesta hacer ejercicio. Él nunca correrá, por que lo encuentra aburrido y piensa que requiere mucho esfuerzo. Será imposible para él crear ese hábito.

Sin embargo, él disfruta escuchando audios sobre mercadeo. Ahora puede tomar una caminata mientras escucha sus audios de mercadeo, y mejorar su salud mientras mejora su mente. Caminar es fácil. Y no es aburrido mientras escucha un tema que encuentra interesante.

¿Cuánto esfuerzo y fuerza de voluntad toma esto? Nada. Es así de fácil. Tiene que escuchar algo mientras camina.

¿Conocemos a alguien que conduce a diario al trabajo? En lugar de escuchar y memorizar letras depresivas de música country, podría escuchar historias inspiradoras en audio.

La mayoría de las personas tienen un descanso para comer en el trabajo. En lugar de comer con los negativos compañeros que se quejan sobre la vida, podría dar una pequeña caminata mientras escucha ideas positivas en audio.

Podríamos pensar, "¡Oye, podría tener un libro de citas positivas sobre el tanque del inodoro!"

Ninguno de los hábitos anteriores toma tiempo extra de nuestro día. Y todas estas actividades se pueden convertir en hábitos naturales y divertidos.

Hoy día, la mayoría de los libros y audios pueden ser entregados directamente a un dispositivo portátil. No tenemos que cargar un libro físico con nosotros. Ya no podemos usar la excusa de la "inconveniencia."

Realiza este pequeño trabajo de muestra.

¿Recuerdas nuestra meta para este ejemplo de muestra? Queremos ser más positivos.

Así que instalaremos un nuevo hábito para hacer que esto suceda. Sólo de los ejemplos anteriores, tenemos muchas opciones. Pero aquí está la opción que elegimos:

Escuchar audios de desarrollo mientras nos preparamos para el día.

¿Por qué escogimos esta opción?

#1. Fácil. Podemos escuchar sin esfuerzo.

#2. No toma tiempo extra de nuestro día. No se requiere fuerza de voluntad.

#3. Ocurre a primera hora por la mañana. Hay mejor posibilidad de que este hábito se desarrolle si lo ponemos en acción temprano en el día. Si esperamos hasta más tarde, hay demasiadas actividades que podrían descarrilar nuestro nuevo hábito.

#4. Lo podemos insertar fácilmente en nuestra rutina diaria.

No hay estrés, no hay rechazo. Este nuevo hábito va a ser fácil. Después de una o dos semanas de presionar "Play" tan pronto vamos a comenzar nuestra preparación matutina, este hábito lucirá tan natural como cepillar nuestros dientes.

¿El resultado?

Mejoramos nuestro punto de vista y lo hacemos más positivo. Listo.

¡HAZ QUE ESTE HÁBITO SUCEDA!

Estamos ansiosos por comenzar este nuevo hábito matutino de desarrollo personal. Pero este hábito no ocurrirá mágicamente por que estemos pensando en ello. Debemos planear. Debemos hacer que el desempeño de este hábito sea inevitable.

Aquí hay algunas cosas que podemos hacer para incrementar las posibilidades de instalar este hábito en nuestras vidas.

#1. Si vamos a escuchar audios de desarrollo personal en nuestro teléfono móvil, compremos unas bocinas de bajo costo. Ahora podemos escuchar nuestros audios mejor, mientras estamos en el ruido de la ducha.

#2. Ordena una variedad de audios de desarrollo personal diferentes. Tal vez un audio sobre metas, y otro sobre motivación. Con una variedad de temas, nunca caeremos en el aburrimiento.

#3. Incluye audios de desarrollo de habilidades. Programar nuestra mente para el éxito es genial, pero también queremos aprender las habilidades necesarias para ejecutar nuestros nuevos programas. Incluye audios que te enseñen cómo hablar con prospectos, cómo cerrar, cómo crear interés, cómo liderar, etc.

#4. Siempre carga el dispositivo que reproduce los audios en el área donde te preparas cada mañana. De esta forma nuestro dispositivo ya está en posición para que comencemos a escuchar nuestros audios. Quizá lo coloquemos al lado del cepillo dental, o mejor, al lado del despertador.

#5. Recompénsate con tu taza de café o bebida favorita para el desayuno. Asegúrate de tener algo de material de lectura sobre desarrollo personal mientras disfrutas de tu café en la cocina. Eso podría significar cancelar nuestra negativa suscripción al diario. En lugar de eso, tenemos a nuestro lado un libro de nuestro autor motivacional favorito.

#6. Mientras nuestro hábito se hace más fuerte, tal vez queramos extender nuestro tiempo para desarrollo personal. Ahora invertimos en un buen juego de audífonos para poder escuchar nuestros audios de camino al trabajo en el tren. Si conducimos, nos aseguraremos de tener suficientes audios en el auto.

#7. ¿Nos gusta retar a nuestro cerebro? Entonces asegúrate de que algunos de los audios nos enseñen información nueva. Podríamos aprender cosas tales como el funcionamiento de nuestro cerebro. O, nuevas maneras de hablar con prospectos. Queremos hacer que nuestro desarrollo personal sea interesante para continuar con este hábito.

#8. Usa una afirmación. Esta es otra manera de asistir en el desarrollo de nuestro nuevo hábito. Afirmamos ante nosotros mismos que somos una persona que posee este hábito. Lo que nos decimos a nosotros mismos es, "Soy el tipo de personas que hace estas cosas." En este caso, haremos la afirmación a través del día, "Soy un entusiasta del desarrollo personal. El desarrollo personal me fascina."

¿Quieres hacer más fuertes a estas afirmaciones? Sólo recordémonos a menudo con notas en nuestro espejo, nuestra televisión, el refrigerador, la computadora, etc.

#9. Genera asociaciones con personas que comparten nuestra pasión por el desarrollo personal. Jim Rohn tiene un famoso dicho, "Eres el promedio de las cinco personas con las que pasas más tiempo." Si nos asociamos con personas que piensan como nosotros, disfrutaremos nuestras conversaciones. Gradualmente pasaremos menos tiempo con personas chismosas, que hablan sobre situaciones negativas, y se quejan sobre el dolor de ser víctimas.

¿Comienzas a ver la tendencia?

Estamos poniendo nuestros esfuerzos en enfocarnos sólo en un habito. Queremos hacer que este hábito sea permanente. Esto tomará tiempo.

Es fácil perder nuestro enfoque, y quizá queramos lograr varios hábitos simultáneamente. Esto usualmente es contra-productivo. Los hábitos requieren de enfoque y repetición.

Veamos un poco el poder que tiene el enfoque.

¿CÓMO DESARROLLAMOS HÁBITOS?

"¡Los viejos hábitos nunca mueren!"

"¡No le puedes enseñar trucos nuevos a un perro viejo!"

¿Estas frases son correctas? La mayoría del tiempo, sí.

Es más fácil citar una frase que tomar responsabilidad personal. Pero queremos cambiar, ¿correcto?

Entonces, ¿cómo hacemos que nuestros viejos hábitos mueran para que podamos aprender hábitos o trucos nuevos?

Primero, olvida el pasado. Deja de pensar en nuestros malos hábitos actuales.

Segundo, enfócate totalmente en un nuevo hábito. Cuando nuestra mente está 100% enfocada en el nuevo hábito de reemplazo, no hay lugar para que nuestro viejo hábito exista.

El caso de estudio que nos ayuda a olvidar el pasado y enfocarnos en el futuro.

En la carrera de ciclismo en las Olimpiadas del 2012, Rigoberto Uran estaba por ganar la medalla de oro. Estaba a sólo unos cuantos cientos de metros de la linea de llegada. Solamente tenía a otro competidor que lo retaba por la victoria.

Pero, con sólo 300 metros para terminar, Rigoberto cometió un gran error. Miró sobre su hombro izquierdo para revisar el progreso de su competidor. Este breve y temporal quiebre en la concentración, le permitió a su competidor, Alexander Vinokourov, adelantarlo y… Alexander se llevó el oro.

¿Qué ocurrió?

Alexander Vinokourov se enfocó por completo en el futuro, la línea de meta. Ganó la medalla de oro.

Rigoberto Uran se enfocó en el pasado, y desafortunadamente, se fue de las Olimpiadas con la medalla de plata. En lugar de enfocarse en la línea de llegada, él decidió mirar atrás.

Enfoque: La Prioridad #1.

Crear un nuevo hábito no sucederá si solamente es un pensamiento fugaz. Los nuevos hábitos requieren tiempo y compromiso. Requerimos mantener nuestra atención en nuestro nuevo hábito hasta que sea automático.

¿PUEDO TENER ÉXITO AL CREAR NUEVOS HÁBITOS?

Aquí están las buenas noticias. Ya sabemos cómo crear nuevos hábitos. Hemos creado hábitos nuevos durante toda nuestra vida.

Nuestros hábitos actuales son lo que nos trajo a donde estamos hoy.

Creamos hábitos para bañarnos, cepillar nuestros dientes, atar nuestro calzado, y demás.

¿Cómo es que hemos hecho esto?

Enfoque. Y enfocarnos fue fácil debido a que deseábamos profundamente crear una nueva habilidad o hábito.

Aprendimos a caminar.

Los bebés deciden que quieren caminar. Ellos toman la decisión cuando el tiempo es el correcto para ellos.

¿Por qué deciden caminar? Muchas razones.

- Quieren ser como todos los demás.
- Piensan que será divertido.
- Es una manera más rápida de llegar de un lado a otro.

- Es un nuevo reto.
- Creen que es posible. Miran a otros caminar.

¿Tienen éxito en la primera ocasión que prueban caminar? No. Tienen una tasa de fracaso del 100% cuando lo intentan por primera ocasión.

Pero, tienen deseo. ¡Quién sabe durante cuánto tiempo se preparan mentalmente para comenzar a caminar!

Ahora viene la fase de prueba y error, fracasar y fracasar. Es un largo proceso. Pero su deseo los empuja a salir adelante.

Unos pocos meses después, ya han desarrollado lo que será un hábito de toda la vida, y es totalmente automático. Ellos no tienen que pensar sobre el proceso de caminar.

Si tenemos problemas creando un nuevo hábito, quizá se deba a que no lo queremos lo suficiente todavía.

Así que, asegurémonos de querer el hábito del desarrollo personal en nuestras vidas.

¿POR QUÉ ENFOCARSE PRIMERO EN EL DESARROLLO PERSONAL?

#1. Podemos crear nuestro hábito de desarrollo personal inmediatamente. No tenemos que conducir al gimnasio, ponernos nuestra ropa de entrenamiento, o hacer una cita para comenzar de inmediato.

#2. No tenemos que esperar que nuestro socio de rendición de cuentas esté disponible. Este es un hábito que podemos realizar por nuestra cuenta.

#3. El ejercicio físico puede hacer que nuestros músculos amanezcan doloridos al día siguiente. Eso nos daría una excusa para no ejercitarnos el segundo día. Pero no hay traumas involucrados en escuchar audios sobre desarrollo personal. Las lesiones de oreja son poco frecuentes.

#4. Todos tenemos "tiempo muerto" durante el día. En ocasiones son sólo unos minutos; en otras, un poco más. Escuchar un audio de desarrollo personal es fácil de hacer durante estos periodos de "tiempo perdido." Por ejemplo, podríamos escuchar algunos audios de desarrollo personal mientras estamos en la fila para comprar nuestra comida. Ahora, no podríamos ponernos nuestra ropa deportiva para salir a correr durante este tiempo. Pero, sí podemos escuchar un audio sobre metas en lugar de mirar al infinito.

#5. El desarrollo personal nos ayuda a construir una autoimagen más fuerte. Nuestra autoimagen es cómo nos vemos a nosotros mismos. Aquí tienes un buen ejemplo:

Imagina a una persona que ha estado desempleada por años. Esta persona pasa sus días mirando telenovelas y comiendo helado. Un día, esta persona recibe un regalo de un millón de dólares de un donador anónimo. ¿Dónde está esa persona tres años después? En la quiebra. Mirando telenovelas y comiendo helado. ¿Por qué? Debido a que esta persona no se desarrolló personalmente para llegar a ser millonaria.

Para convertirnos en millonarios, debemos de desarrollarnos en miras de ser una persona millonaria. Simplemente darle a alguien un millón de dólares no cambia a esa persona.

O, veámoslo de otra manera. Si alguien se hizo a sí mismo millonario , y lo pierde todo en una demanda, ¿dónde está esa persona tres años después? De vuelta en la cima. ¿Por qué? Debido a que esa persona se ve a sí misma como millonaria. La pérdida de su fortuna fue sólo un evento temporal en su mente.

"Si queremos más, debemos de convertirnos en más."

Hay un dicho, "El dinero sólo nos hará una mejor persona de lo que ya somos." Así que si somos unos cretinos, el dinero sólo nos hará un cretino más grande. Debemos de cambiarnos a nosotros mismos desde adentro.

#6. ¿Somos atractivos?

Piensa en ir a una fiesta. ¿Con quién quieres tener una conversación? ¿Alguien que es positivo, o alguien que es negativo?

Ahora piensa en los prospectos potenciales. ¿Con quién pensamos que los prospectos quieren asociarse?

¿Alguien que se ve a sí mismo como una víctima? O, ¿alguien que busca nuevas posibilidades y oportunidades en la vida?

Un depósito de desarrollo personal constante en nuestras mentes paga grandes dividendos en nuestra carrera en redes de mercadeo. Pasaremos menos tiempo persiguiendo prospectos, y más tiempo atrayendo prospectos hacia nosotros.

Como bono extra, nuestras vidas personales mejorarán también. Nuestras relaciones se harán más positivas.

#7. El desarrollo personal es fácil de escalar. Al principio, tal vez hagamos sólo cinco minutos al día. Después, podemos extender nuestro tiempo de desarrollo personal al leer un capítulo de una buena biografía que nos inspire en lugar de mirar las noticias.

¿Escalar?

Sí, al hacer fuerte a nuestro primer hábito, otros hábitos se hacen fáciles. ¿Recuerdas el efecto dominó del que hablamos antes?

GANA EN TU PRIMER INTENTO.

Nuestras posibilidades de éxito son mayores cuando elegimos un hábito fácil. Menos fuerza de voluntad. Menos decisiones traumáticas. Podemos continuar este nuevo hábito con mínima insistencia.

Instala primero la versión más fácil de nuestro nuevo hábito. Luego, podemos escalar o "superengordar" nuestro nuevo hábito.

Cuando elegimos un hábito de desarrollo personal, comenzamos con cinco o diez minutos al día mientras nos preparamos para el trabajo. Una vez que establecemos este nuevo hábito, podemos "superengordar" nuestro tiempo de desarrollo personal hasta 15 minutos, 20 minutos, o tal vez hasta 30 minutos al día.

Sólo recuerda hacer los incrementos de nuestra "superengorda" pequeños. Ajustes pequeños no requieren fuerza de voluntad adicional.

Aquí hay una manera fácil de recordar hacer pequeños nuestros incrementos. Imagina que queremos correr un maratón. Ahora, 42 kilómetros es mucha distancia. Si lo intentamos en nuestro primer día, fracasaremos.

En lugar de eso, comenzaremos pequeño. Si estamos fuera de forma, entonces comenzaremos con una caminata de 10 minutos al día. Gradualmente incrementaremos nuestro tiempo de caminata. Eventualmente, podemos comenzar a trotar. Y finalmente, podemos extender nuestro tiempo de trote un poco cada semana hasta que seamos capaces de hacer un maratón.

Laura contra Mary.

Laura y Mary hacen una promesa de año nuevo para perder peso.

Laura se lanza con todo. Ropa deportiva nueva, membresía nueva en el gimnasio premium, nuevos libros de recetas ligeras, una renovación completa de su alacena y refrigerador, un tablero de visualización y todo el poder de voluntad consciente que puede recolectar.

Día uno: Dieta de migajas de pan. Una tortuosa sesión de dos horas de rigurosos ejercicios.

Día dos: Laura está al borde de la inanición. Cada músculo de su cuerpo está en agonía. No puede atar sus zapatos. No puede ni subir a su auto para salir a trabajar. ¿Qué es lo que Laura hace?

Laura se salta su segundo día de ejercicios. En lugar de eso, come comida chatarra y se relaja frente a la televisión.

Día tres: Laura renuncia a su promesa de año nuevo. Lo intentó, fracasó, y su vida es demasiado ocupada para su compromiso.

Laura sube de peso.

Laura comienza a comer más rosquillas para combatir el estrés que le causa el subir de peso.

¿Qué hay de Mary?

Mary comienza en pequeño. Realmente pequeño.

No hay membresía en el gimnasio. No hay ropa deportiva. No hay dietas restrictivas. Sólo un pequeño pasito de bebé en su primera semana para estar en forma.

¿Qué es lo que hace?

Semana uno: En lugar de pedir papas fritas, pide una patata dulce horneada para comer. Todos los días de esa semana, Mary cambia sus papas fritas por una patata dulce horneada. Ahora, ordenar una patata dulce horneada es un hábito.

Semana dos: A Mary le encanta mirar televisión para relajarse después del trabajo. Todas las noches disfruta de dos horas de sus programas favoritos. Ahora, Mary reduce su tiempo de televisión por 30 minutos. Así que en lugar de estar sentada durante 30 minutos, ella invierte esos mismos 30 minutos en una actividad que requiere movimiento. Esto podría ser una caminata, limpiar su casa, o caminar en los pasillos de su almacén favorito.

Semana tres: Mary elimina la rosquilla de su pausa matutina para el café. La sustituye por un alimento saludable. Después de sólo una semana, su antojo por esa rosquilla se ha ido. Un nuevo hábito ha nacido.

Mary comienza a perder peso gradualmente. Se siente mejor. Sus nuevos hábitos le ayudan a manejar su peso automáticamente.

Pequeños cambios. Enormes resultados.

HÁBITO #2: CONOCE UNA NUEVA PERSONA POR DÍA.

Podemos tener una gran actitud, una autoimagen magnífica, e incluso habilidades de comunicación fenomenales. Sin embargo, si no tenemos a nadie con quien hablar, no llegaremos muy lejos en nuestra carrera en redes de mercadeo.

Tener muchos prospectos es mejor que… tener pocos prospectos. Vaya, esa no estuvo difícil.

Tener más prospectos instantáneamente incrementa nuestra autoconfianza. Si el éxito de nuestro negocio depende de sólo unos cuantos prospectos, entonces desplegaremos señales de ansiedad y estrés.

¿Pero qué tal si desarrollamos una reserva gigante de prospectos? Si tenemos un mal encuentro con un prospecto, no nos sentiremos mal. Pensaremos, "Hey, tengo otros diez prospectos con quienes hablar esta semana y ellos definitivamente serán mejores que este negativo prospecto."

Nuestra postura cuenta.

Piensa en cómo lucimos ante los prospectos, ¿Parecemos desesperados o con confianza?

Si le decimos a un prospecto: –Traté de llamar. ¿No recibiste mis 32 mensajes de buzón?– Bueno, este prospecto huele la desesperación. Nadie quiere seguir a una persona desesperada.

Sin embargo, ¿qué tal si podemos hablar tranquilamente con un prospecto y no sentir desesperación o necesidad? Pensamos, "Mi tiempo es limitado. Sólo puedo patrocinar y entrenar a pocas personas. Mejor escojo prospectos motivados."

Ahora somos más atractivos para los prospectos. No sienten la desesperación. Sienten el éxito inminente.

Es fácil tener confianza cuando tenemos muchos prospectos para elegir. Pero, ¿cómo construimos esta masiva lista de prospectos?

Sólo conociendo personas nuevas.

Si somos introvertidos, conocer nuevas personas puede ser atemorizante. Eso nos deja con dos opciones:

1. Continuamente salir de nuestra zona de confort y sentir la incomodidad cada día que trabajemos en nuestro negocio.

2. Aprender nuevas habilidades para que así conocer una nueva persona al día esté dentro de nuestra zona de confort. Ahora podemos disfrutar cuando hacemos nuestro negocio todos los días.

Ahora, ambas opciones funcionan. Sin embargo, la mayoría de las personas eligen la opción número dos: "Aprender nuevas habilidades."

Si nos horroriza el pensar conocer una persona nueva al día entonces, ¿cómo haremos que esto sea un hábito?

Recuerda, queremos que nuestro hábito sea automático. Necesitamos hacer que conocer nuevas personas sea una experiencia que disfrutemos.

Comienza a aprender ahora.

Hagámonos esta pregunta: "¿Cuándo será un buen momento de aprender exactamente qué decir a un genial prospecto?"

- ¿Antes de conocer al genial prospecto?
- ¿O después de conocer al genial prospecto?

La respuesta es obvia.

Y una vez que aprendemos qué decir, ¿cómo entramos en comodidad hablando con prospectos?

Con práctica. Los nuevos distribuidores necesitan experiencia hablando con prospectos.

Considera este ejemplo. Un joven hombre quiere invitar a salir a una joven mujer. Si el hombre nunca ha tenido una cita antes, ¿qué es lo que esperaríamos ver?

- Nerviosismo.
- Tartamudeos.
- Desconfianza.
- Mala postura.
- Feos resultados.

Sin embargo, si el joven tuviese meses o años de experiencia invitando a salir, ¿no esperaríamos que esta conversación fuese mejor?

Esperaríamos que el joven hable con más confianza y tuviese mejor postura.

Para que el hábito de conocer a una nueva persona al día sea cómodo, debemos de hacer dos cosas:

1. Aprender qué hacer cuando conocemos nuevas personas.

2. Practicar decir estas palabras con prospectos nuevos hasta que estemos cómodos.

¿Qué tan importante es este hábito para nosotros?

Si queremos ser exitosos en nuestro negocio de redes de mercadeo, este hábito es extremadamente importante. No necesitamos más motivación. Sólo necesitamos instalar este hábito.

Por qué este hábito moverá nuestro negocio de redes de mercadeo hacia delante.

Imagina que hablamos con 100 prospectos. En ese grupo de prospectos, cinco prospectos nunca se unirán. Sus espíritus fueron destrozados por la sociedad. Sus jefes vampiros succionaron todos sus sueños. Perdieron la esperanza y simplemente esperan su muerte.

En ese mismo grupo de 100 prospectos, también encontraremos cinco personas que se unirán sólo por que aparecimos. Están en un punto en sus vidas donde están buscando soluciones. Nuestra oportunidad es la solución que están buscando. No necesitaríamos mucha habilidad para incorporarlos a nuestro equipo.

¿Pero qué hay de los otros 90 prospectos? Bueno, necesitaremos mejores habilidades de comunicación para hacer que nuestro mensaje llegue al interior de sus cabezas. Aprenderemos estas habilidades de mejor comunicación mientras progresamos en nuestro negocio de redes de mercadeo.

365 días al año = 365 nuevos prospectos para nuestro negocio.

Conocer a una nueva persona al día es mágico. Parece atemorizante, todo lo que debemos de hacer es replantear esta actividad en nuestra mente.

A nosotros nos gusta decir: –Sal y conoce a una persona nueva. No trates de vender. No tengas motivos ocultos. En vez de eso, escucha cómo se expresa esta persona. Diviértete investigando el tipo de personalidad que podría tener.

¿Y por qué diríamos eso?

Debido a que como nuevo distribuidor, nos estemos preocupando, "Odio hablar con las personas por motivos ocultos. Siento que hago amistades condicionadas por el sólo propósito de reclutarlos para mi negocio."

En lugar de eso, podemos replantear esta actividad en nuestra mente con esta frase:

"Me fascina hablar con personas nuevas. Son interesantes. Una corta conversación con personas nuevas siempre es divertida. Tal vez puedo avivar su día. Tal vez aprenda algo nuevo. ¿A quién más puedo saludar?"

Vayamos eliminando nuestros motivos ocultos. Vayamos removiendo las metas de nuestro negocio de nuestras conversaciones. En lugar de eso, sólo queremos conocer a una nueva persona al día para comenzar a obtener la experiencia que requerimos.

Ahora, si la conversación naturalmente se dirige hacia nuestro producto o negocio, permite que la naturaleza tome su curso. No hay ninguna regla que diga que debemos de hablar sobre negocio en nuestra primera conversación.

¿Nos sentimos mejor con este replanteo?

¿Podemos ahora tener una conversación más natural y libre de estrés?

Esto debería de ser libre de rechazo debido a que no hay nada que rechazar por parte de nuestro nuevo amigo.

Es fácil hablar sobre conocer una nueva persona al día, ¿pero realmente podemos hacer esto en la vida real? Veamos.

¡UNA PERSONA POR DÍA! ¿NO ES MUCHO PEDIR?

No tenemos que pararnos en medio de la calle o acosar extraños. Tener una corta conversación con una persona al día no es difícil. ¿Por qué no usar un poco de imaginación?

- Saluda a la persona que está detrás de ti en la fila del banco.
- Ten una conversación corta con un amigo en redes sociales.
- Haz una corta llamada telefónica a un referido.
- Asiste a un desayuno de un grupo de negocios.
- Acepta una invitación a una fiesta.
- Asiste a una clase de aerobics o conoce personas nuevas en el gimnasio.
- Ayuda a un amigo en la mudanza y conoce a sus nuevos vecinos.
- Comienza a tomar caminatas en el parque.
- Únete a algún club local.
- Asiste a una atracción local y toma un tour. Hay tours de cata de vinos, tours históricos, tours de compras y demás.
- Busca festivales locales en tu área. La mayoría de las ciudades tienen un festival gastronómico, y muchos festivales de intereses especiales.

- Pasa algo de tiempo en el mercado de pulgas local. Cada fin de semana los emprendedores rentan espacio para vender sus objetos. Puedes hablar con los vendedores tanto como los demás asistentes.
- ¿Tienes hijos? Toma la decisión de asistir a sus actividades. Conocerás a otros padres y tendrás bastante tiempo de hablar con ellos durante las actividades. Piensa en clases de baile, equipos deportivos, conciertos y más.
- ¿Cuántos cafés locales hay en tu área? No todos entran a una cafetería para sentarse y mirar su taza de café. Muchos están deseando conocer gente nueva. Podrías ser tú.
- ¿Tienes algún parque para perros en tu área? Los dueños de perros aman hablar con otros dueños de perros. Los perros son geniales para romper el hielo. ¿No tienes un perro? Ofrécete para llevar el de tu amigo o vecino.
- ¿Te gusta la jardinería? Pide consejo al dependiente de la tienda de jardinería.
- ¿Te gusta leer? Tu librería local tiene muchas actividades para lectores.
- Asiste a la escuela comunitaria local. Usualmente ofrecen cursos por las noches sobre computación, escritura, mercadeo, negocios y más. Puedes aprender algunas cosas nuevas mientras conoces a tus nuevos compañeros.
- Asiste a seminarios públicos y eventos educacionales. Pregúntale a la persona que tienes al lado, "¿Qué es lo que vienes a aprender?"
- ¿Amas la música? Asiste a un concierto local. Los amantes de la música buscan conversaciones para compartir su pasión por la música.

- ¿Te gusta ir de compras? Piensa en las posibilidades de conocer a los dependientes, otros compradores, o personas que realizan encuestas dentro del centro comercial.
- Únete a un grupo local de "Meetup" que se enfoque en viajar. A los viajeros les encantaría tener un ingreso pasivo adicional para extender su tiempo de viaje. Y si vendes productos nutricionales, únete a un grupo de entusiastas de casas rodantes. Este grupo de personas mayores tendrá un ávido interés en mantener su salud.
- Si te gusta jugar golf, ve al campo por tu cuenta. Permite que el club te empareje con una nueva persona, o mejor aún, en un grupo de cuatro.
- Si la buena comida es lo que te interesa, únete a un club gastronómico. Tendrás horas de tiempo de relajación mientras cenas con tus nuevos amigos.
- Ofrécete como voluntario de ayuda. Toda organización necesita nuevos voluntarios. No te unas por motivos ocultos. Únete para ayudar. Conocerás personas nuevas de forma natural.

O tal vez…

- Sólo rodéate de personas negativas. En lugar de sentir lástima por ellos, ¿por qué no crear el hábito de hacerles una pregunta? Cuando sea nuestro turno de hablar, podríamos comentar sobre su problemática diciendo: –¿Te gustaría hacer algo al respecto?– O, si eso es muy atrevido, podríamos decir: –¿Alguna vez has considerado hacer algo al respecto?

Por supuesto que la mayoría de las personas prefiere quejarse que buscar la solución. Sin embargo, algunos podrían responder con una pregunta para saber si nosotros tenemos una solución. Ahora las personas preguntan por soluciones. Lindo.

Esto no es difícil.

Cualquiera puede mejorar su carrera al crear el hábito de conocer una nueva persona. ¿Algunos ejemplos?

Eugene toma el tren diariamente para ir a trabajar. ¿Su mal hábito? Se deprime leyendo el diario matutino durante su recorrido.

¿Su nuevo hábito? Ahora conversa con sus vecinos de asiento. Les hace preguntas sobre sus vidas, sus metas... e inclusive sobre cómo se sienten sobre levantarse temprano para tomar el tren a tiempo para el trabajo.

Tammy usualmente surfea en internet durante su descanso para comida. Los sitios de chismes de famosos son interesantes. Las fotografías de gatos son lindísimas.

Ahora Tammy pasa su tiempo de comida haciendo amistades nuevas en redes sociales en lugar de leer historias sobre la farándula. Adivina... en pocos meses, Tammy tendrá más de 300 nuevos amigos. Esos son amigos suficientes para mover su negocio al siguiente nivel. Este hábito es tan fácil para Tammy. Y todavía puede pasar su descanso frente a la computadora.

Richard lleva a su hija al entrenamiento de fútbol y a sus partidos. Sus conversaciones con otros padres usualmente transcurrían así: –Qué buen clima tenemos hoy. Buen día para jugar.– Una conversación amena y cortés.

¿El nuevo hábito de Richard? Durante los partidos él dice: – Comercializo este producto que genera este resultado. ¿Conoces a alguien que le gustaría tener ese resultado?

Al simplemente cambiar su conversación, Richard ahora tiene más prospectos para su negocio. Esto no le tomó más tiempo que antes. Todo lo que requirió fue cambiar su viejo hábito de conversaciones insípidas, y creó un nuevo hábito de hacer esta pregunta.

Ana dejó de ordenar sus productos a su casa. En lugar de eso, ahora pide sus entregas a su trabajo. Es una forma genial de comenzar las conversaciones cuando sus compañeros preguntan, "¿Cómo vas con tu negocio?" Fácil.

Sólo algunos pequeños cambios en nuestros hábitos, con el tiempo, pueden darnos resultados compuestos.

¿EL SECRETO? SIN MOTIVOS OCULTOS, SIN PRESIÓN.

Sólo debemos colocarnos a nosotros mismos en la posición de conocer más gente. Podemos usar nuestra imaginación para pensar en algunas nuevas maneras naturales de contactar nuevas personas.

Nuestro miedo de conocer nuevas personas se evapora cuando no tenemos motivos ocultos. Forzar una conversación hacia una charla sobre nuestro negocio puede ser incómodo, especialmente cuando no tenemos las habilidades.

¡Todo lo que queremos que este hábito haga es que nos facilite conocer personas nuevas!

No estamos pidiendo demasiado de nosotros mismos. No nos estamos pidiendo hacer una presentación al día. No nos estamos pidiendo conocer muchos extraños a diario.

Sólo queremos conocer una persona nueva por día.

Algunos días será más fácil que otros. Tal vez tengamos suerte. Tal vez el lunes conocemos siete personas nuevas, y podemos tomar el resto de la semana libre.

¿PERO QUÉ DIGO?

Paso #1: Está en la posición de conocer nuevas personas.

Paso #2: Di las cosas correctas.

Esta fórmula es fácil. Ya hemos cubierto el Paso #1.

Ahora progresemos al siguiente paso.

Cuando no sabemos qué decir, el miedo nos detendrá de hablar con personas nuevas. Como cualquier profesión, redes de mercadeo requiere que aprendamos nuevas habilidades. Tal vez no aprendimos buenas habilidades de conversación en nuestra carrera previa. Si no lo hemos hecho ya, ahora sería un buen momento de hacer una prioridad en nuestras vidas el aprender nuevas habilidades de conversación.

Hay muchos libros y materiales educacionales sobre cómo ser un mejor conversador. Veamos algunas maneras de comenzar conversaciones ahora. Queremos crear el hábito de hablar con una nueva persona al día.

Iniciador de conversación #1.

Este es fácil. Todo lo que debemos de hacer es… sonreír.

Nuestra sonrisa le señala a un extraño que somos seguros para que se aproxime. El extraño siente que puede comenzar una conversación con nosotros sin rechazo. Con una simple sonrisa, muchos extraños comenzarán la conversación. Nosotros no tendremos que hacerlo.

Una sonrisa es libre de rechazo. ¿Qué es lo peor que puede ocurrir? Le sonreímos a la persona, y ella no sonríe. Tal vez su vida es miserable. Por lo menos contribuimos con una sonrisa para tratar de hacer su vida mejor. Nosotros seguimos adelante.

Sin embargo, esto es lo que sucede la mayoría del tiempo: Sonreímos a alguien que no conocemos, y la persona sonríe. Ambos nos sentimos mejor.

Iniciador de conversación #2.

"Hola" es un inicio genial para cualquier conversación. Esto no suena anormal o planeado. Decimos "Hola" todo el día, algunas ocasiones docenas de veces al día. Es fácil que una conversación se desarrolle desde aquí.

Iniciador de conversación #3.

"¿Cómo estás?" O, "¿Cómo te va?"

Hemos escuchado estas frases cientos de veces. Estas son frases no amenazantes, perfectamente aceptables en cualquier conversación.

Iniciador de conversación #4.

"Tengo curiosidad…" Esta frase es mágica. ¿Qué ocurre dentro de la mente de un desconocido cuando escucha esta frase?

El desconocido piensa, "¿Qué es lo que quiere saber esta persona? Lo puedo ayudar. ¿Qué puedo hacer para ayudar a esta persona?"

Algunos ejemplos.

"Tengo curiosidad, ¿has estado parado en esta fila por mucho tiempo?"

"Tengo curiosidad, ¿has sido miembro de esta organización por mucho tiempo?"

"Tengo curiosidad, ¿es fácil conocer personas nuevas en este gimnasio?"

Iniciador de conversación #5.

Las redes sociales nos ayudan a notificarnos de los cumpleaños de nuestros amigos. Muchos de nuestros así denominados "amigos" en redes sociales son personas que nunca hemos conocido. Aquí hay una manera fácil de conectar con ellos. En lugar de enviarles un simple texto diciendo, "¡Feliz cumpleaños!"... podemos hacer algo diferente para destacar.

Podemos personalizar una foto. O tal vez podemos encontrar un recurso que se conecte con sus intereses y pasatiempos.

Una de mis amigas, Jackie, me envió un mensaje de cumpleaños que solicitaba una respuesta. Ella escribió: "¡Feliz cumpleaños, Keith! ¿Cómo pasaste tu día especial?"

No sólo el mensaje estaba personalizado, sino que agregar una pregunta al final creó una conversación.

Iniciador de conversación #6.

"¿Qué hiciste en las vacaciones?" Esta pregunta no es invasiva. Nadie se sentirá amenazado con este tipo de conversación.

Ahora, no debemos limitar esta pregunta a sólo las vacaciones. Podemos hablar sobre cualquier evento en el pasado. Aquí hay algunos ejemplos:

"¿Qué piensas que fue lo mejor de esta conferencia?"

"¿Qué aprendiste del seminario?"

"¿Cuánto tiempo te tomó obtener tu licencia?"

"¿Qué fue lo que más te gustó de este evento?"

Iniciador de conversación #7.

En los eventos de referidos, la práctica común es tomar la tarjeta de presentación de alguien. Luego. Rápidamente movernos a la siguiente persona. Pero lo importante no es la cantidad de contactos que hagamos; es la calidad del contacto que hacemos.

Aquí hay algunas preguntas que engancharán a tu nuevo contacto. Entre más nuestro nuevo contacto hable de sí mismo, más fuerte será la conexión. No seremos sólo una tarjeta más que será desechada después del evento.

"¿Cómo te involucraste en tu negocio?"

"¿Es emocionante estar en el negocio?"

"¿Cómo te enteraste de este evento de referidos?"

"¿Qué es lo que hace exactamente tu negocio?"

"¿Cuál es la mejor parte de estar involucrado en tu profesión?"

"¿Asistes a otros eventos como estos?"

"¿Qué es para ti el aspecto interesante de estos eventos?"

"No conozco a muchas personas por aquí, así que quise presentarme."

Iniciador de conversación #8.

¿Cuáles son algunas preguntas seguras que podemos usar para comenzar conversaciones? ¿Qué tal si nos encontramos en torno a alguien que no conocemos? No queremos ser entrometidos. Las siguientes preguntas son socialmente aceptables y no lo harán parecer como que estamos indagando profundamente en la vida de alguien.

"¿A qué te dedicas?"

"¿Cuánto tiempo has estado en tu trabajo?"

"¿Qué harás cuando te retires?" (Puede no ser apropiada para alguien joven.)

"¿Dónde vives?"

"¿Cuál es tu trabajo ideal?"

"¿Dónde creciste?"

"¿Tienes algunos pasatiempos? ¿Qué te gusta hacer en tu tiempo libre?"

"¿Cuánto tiempo te toma llegar al trabajo?"

"¿Qué te gusta hacer durante las vacaciones?"

"¿Cuál es tu restaurante favorito de aquí?"

"¿Cuál es la mejor película que has visto últimamente?"

"¿Tienes algún viaje próximamente?"

"¿Tienes mascota?"

"¿Viajas mucho?"

"¿Cómo va tu día?"

Iniciador de conversación #9.

Si somos tímidos, no estamos solos. Si nos sentimos incómodos conociendo otras personas, habrá muchos otros que sientan lo mismo que nosotros.

Imagina que estamos en una fiesta, un evento de referidos, o otra función. Para permanecer en nuestra zona de confort, todo lo que hay que hacer es comenzar con personas tímidas como nosotros.

Mira alrededor del salón. ¿Quienes son las personas que están de pie solas en las afueras del salón? A estas personas les gustaría tener una conversación con alguien, pero no saben cómo iniciar. Acércate con estas personas y di:

"Deja que me presente. Mi nombre es _____. ¿Cuál es tu nombre?"

"Me alegro que estés parado aquí lejos de todo el ruido. Mi nombre es _____."

"¿Te importa si me presento? Mi nombre es _____."

"¿Te importa si te acompaño aquí? Hay mucho ruido junto a la barra."

"¿Conoces al organizador del evento?"

"¿Sabes a qué hora abre el bufete? No sé tú pero yo muero de hambre."

"¿Sabes a qué hora termina el evento?"

No seas escalofriante.

Cuando conocemos a nuevas personas, queremos hacer una buena primera impresión. No queremos que se sientan incómodos. Evita preguntas como:

"Si pudieses ser un personaje de ficción, ¿cuál serías?"

"Si fueses a morir en los próximos 60 minutos, ¿qué es lo que lamentarías más?"

"Dime, ¿algún secreto que no le hayas dicho a nadie?"

"¿Qué es la cosa más extraña que has hecho?"

"¿Alguna vez has robado algo? ¿Alguna vez te han atrapado?"

"¿Cuál crees que es tu propósito en la vida?"

"¿Conociste algún alienígena últimamente?"

"¿También escuchas vocecitas en tu cabeza?"

"Si estuvieses varado en una isla desierta, ¿con quién sería la única persona que te gustaría estar varado?"

Estas preguntas suponen mucha más familiaridad. No tenemos eso al inicio cuando conocemos a alguien. Quédate con preguntas seguras.

Asegurémonos de compartir un poco sobre nosotros entre nuestras preguntas. No queremos que esto suene como una interrogación.

¿En resumen?

Conoce a una persona nueva.

Entramos en comodidad con la repetición. Al desarrollar este hábito, instintivamente sabemos las cosas correctas qué decir en el momento correcto cuando conocemos al próximo genial prospecto.

Cuando desarrollamos el nuevo hábito de conocer a una nueva persona cada día, esta actividad nos ayuda a construir nuestro negocio naturalmente. Será tan fácil como atar nuestros zapatos.

Los hábitos trabajan para nosotros sin esfuerzo, en segundo plano. No tenemos que luchar con tomar una nueva decisión cada vez que debemos desempeñar esta actividad.

Los hábitos son nuestros amigos.

Todos los días, conoce a una nueva persona.

Algunas de estas personas se convertirán en amistades.

Y entonces, algunos de nuestros amigos compartirán nuestra pasión por nuestros productos y nuestro negocio. A las personas les gusta hacer negocio con sus amigos.

HÁBITO #3: PROMUEVE EVENTOS.

¿Sin habilidades? ¿Sin confianza? ¿Sin prospectos?

No permitas que estos obstáculos tempranos te detengan.

En lugar de eso, podemos promover eventos mientras aprendemos las habilidades de nuestro negocio en redes de mercadeo.

Pocas personas ingresan a redes de mercadeo con el conjunto perfecto de circunstancias. La mayoría de nosotros tiene limitaciones de tiempo, habilidades de una profesión diferente, o quizá, un poco de duda sobre las probabilidades de éxito.

Promover eventos es nuestro camino para superar nuestros retos iniciales.

No importa si comenzamos con muchas ventajas o desventajas. Cualquiera puede promover eventos.

Así que veamos por qué la promoción de eventos puede hacer crecer el negocio de cualquiera en redes de mercadeo.

POR QUÉ DEBERÍAMOS PROMOVER EVENTOS.

#1. Es un mundo solitario allá afuera.

Nos unimos a nuestro negocio, regresamos a casa, y comenzamos nuestro negocio solos en un mundo de prospectos negativos. El desánimo puede establecerse. La duda puede establecerse. Y cuando somos nuevos, necesitamos apoyo aún más.

¿Cómo rejuvenecer nuestra actitud? ¡Asiste a eventos!

Es más fácil creer cuando estamos rodeados por creyentes.

¿Qué tal si nos asociamos en la mesa del comedor? ¿O qué tal si nos unimos a nuestro negocio mientras teníamos una conversación en nuestra computadora? En ese caso, sólo vimos a nuestro patrocinador. No vimos la imagen completa y el apoyo de un equipo. Los eventos nos exponen a una visión más grande de lo que podemos ser.

Los eventos crean creencia en el futuro. Cuando nuestra creencia es baja, los prospectos notan nuestra carencia de confianza. Cuando nuestra creencia es alta, los prospectos se sienten atraídos a nuestro entusiasmo personal y convicción por nuestro negocio.

#2. Creer es fácil después de que vemos o experimentamos una realidad.

Creer es difícil antes de experimentar una realidad.

Por ejemplo, imagina a un empleado que está deseoso de un aumento. Mientras esperaba y esperaba, era fácil sentir dudas.

Sin embargo, después de recibir el aumento, la creencia del empleado se confirma. Sí, es mucho más fácil creer después de la experiencia.

Entonces, ¿cómo un evento nos ayuda a creer en nuestro futuro éxito?

Primero, tal vez veamos a alguien en el evento con un trasfondo similar. Si somos contadores, sería natural identificarnos con un orador en el evento quien también es contador. Ahora tenemos más pruebas externas de que podemos tener éxito en nuestro negocio.

Segundo, tal vez veamos a alguien con un trasfondo diferente. Pensamos, "Esa persona no es tan especial. Si esa persona puede hacerlo, yo puedo hacerlo. Estoy mejor calificado. Tengo más energía. Tengo más ímpetu por tener éxito."

Ver es creer.

#3. Al principio, tal vez creamos que el éxito está "afuera" de nosotros.

Esperamos que sucesos externos nos hagan exitosos. ¿Por qué? Debido a que al principio, sentimos que no tenemos las habilidades o el conocimiento para ser exitosos sólo con nuestros esfuerzos. Somos nuevos.

Pero qué ocurre en los eventos? Presentan una nueva herramienta. Lanzan un nuevo producto. O, aprendemos una nueva habilidad –tal vez cómo hablar mejor con las personas.

Estos factores "externos" suenan emocionantes. Creemos que estos factores externos nos pueden mover hacia adelante.

¿Qué sucede cuando creemos más? Nos desempeñamos mejor.

#4. Inercia.

Los eventos atraen a nuevos prospectos y distribuidores. Estas personas nuevas pueden crear emoción. La emoción conduce a la acción.

¿Y no es la emoción por nuestro negocio otro gran hábito para crear?

Preguntémonos, "¿Qué es más fácil: construir con inercia, o sin inercia?" La respuesta es obvia.

#5. Reconocimiento.

La mayoría de los eventos tienen reconocimientos. Cualquiera puede sentarse en la audiencia y aplaudir por el logro de alguien más. ¿Pero qué hay de nosotros? ¿Qué estamos pensando?

Somos humanos. Los humanos buscan el reconocimiento. Comenzamos a visualizarnos a nosotros mismos en el escenario recibiendo reconocimientos en el próximo evento.

¿Por qué?

Piensa en cuánto reconocimiento y apreciación recibimos en el trabajo. En casa. De nuestros amigos. ¿La respuesta? No lo suficiente. Todos apetecemos más.

"Un soldado peleará largo y duro por un trozo de listón coloreado."

–Napoleon Bonaparte.

#6. Prueba social.

"¿Tomé una buena decisión?" Cuando somos nuevos, la duda se apodera de nuestra cabeza. Asistir a eventos valida que hicimos una buena decisión. Estamos rodeados de personas que tomaron la misma decisión.

La duda alimenta la dilación. Entre menos obstáculos enfrentemos, más rápido podremos generar inercia.

#7. Presión de grupo.

Conocemos nuevas amistades en los eventos. ¿Qué es lo que sucede en el siguiente evento? ¿Queremos ser vistos en el mismo nivel de logro sin crecimiento en nuestro negocio? Por supuesto que no.

Queremos estar en el mismo nivel de logro por varios eventos consecutivos? Definitivamente no.

La presión de grupo nos da un impulso extra de motivación externa.

#8. Una historia puede cambiarnos la vida.

Se comparten muchas historias en los escenarios de los eventos. No sabemos qué orador o cuál historia resonará con nosotros o con nuestra organización. Hay muchos ejemplos en redes de mercadeo de personas que asisten a un evento, escuchan una historia que toca su corazón, y entonces hacen un compromiso de construir su negocio. Este momento de definición cambió sus vidas y las vidas de sus familias por siempre.

#9. Debemos buscar nuestro sueño.

Nuestro negocio de ensueño no aparecerá sólo por que pasamos unas tardes conversando en redes sociales.

De nuevo, ver es creer. Este simple ejercicio puede hacer una impresión permanente en nuestras mentes.

Primero, asistimos al evento.

Segundo, miramos a la multitud e imaginamos que todos están en nuestro equipo. Esto crea un sentimiento de emoción y compromiso. Estamos creando nuestra visión para el futuro.

¿Podemos obtener ese mismo sentimiento al mirar un video? ¿Leer un libro? ¿Sentarnos en casa a mirar la pantalla de la computadora? No.

Para crear esta sólida creencia en nuestras mentes, debemos de experimentar el evento. Esto es verdad no sólo para nosotros, sino para cada miembro de nuestro equipo. Los eventos expanden nuestro cerebro para que podamos tener la capacidad de ser más y ganar más.

#10. Influencia de terceros.

Escuchamos el mismo mensaje de nuestro patrocinador y líderes locales. Pero cuando una tercera persona nos envía ese mensaje, deja una impresión.

No sé por que le damos mas credibilidad a los extraños, pero es una tendencia natural de los humanos.

La oportunidad, los productos, y los efectos que nuestro negocio tiene en las vidas de otras personas lucen mucho más interesantes cuando las escuchamos de otros.

#11. Apalancamiento.

Tenemos un calendario ocupado. Trabajo, familia, e incontables obligaciones llenan nuestra semana. ¿Cómo podemos tener tiempo de sentarnos con nuestro equipo y transferir nuestra creencia y pasión por nuestro negocio? Eso puede ser difícil.

Pero cuando llevamos a nuestro equipo a un evento grande, nos apalancamos no sólo en tiempo, sino también con la influencia de las terceras personas.

Permite que los eventos transfieran las creencias rápida y eficientemente con tu equipo.

Como bono adicional, los miembros de nuestro equipo se dan cuenta de que no tienen que ser los expertos. Todo lo que deben de hacer es llevar a su equipo al siguiente evento.

#12. El poder de la comunidad.

Imagina estas dos comunidades:

1. Empleados insatisfechos gruñendo al rededor de la cafetería del trabajo. Odian su empleo. Odian el trayecto al trabajo. Hablan sobre lo negativo en sus vidas.

2. Emprendedores de redes de mercadeo positivos en un camino de autodesarrollo felizmente conversando después de una reunión.

No hay comparación.

Uno de los más grandes secretos de nuestro negocio es que a las personas les encanta nuestra comunidad. Asociarse con nosotros es mejor que relacionarse con sus negativos cuñados, sus quejumbrosos compañeros de trabajo, y amistades de mente recortada. Escuchar canales de 24 horas con noticias deprimentes, leer diarios deprimentes... sólo queremos un descanso del drama de la vida diaria.

Esperamos con gusto la compañía de nuestros nuevos amigos en redes de mercadeo.

¿Qué hace que las comunidades sean más poderosas y unidas?

Las experiencias que comparten.

Asistir a eventos juntos nos une en una positiva y emocionada comunidad que busca un mejor futuro. Recordaremos memorias de los viajes a la convención de la compañía y eventos regionales con nuestra comunidad.

Para muchos, la nueva vida social, los amigos, y las experiencias de los grandes eventos significan mucho más que el ingreso potencial en redes de mercadeo.

¿VALE LA PENA CREAR EL HÁBITO DE PROMOVER EVENTOS?

Totalmente. Seguro, requiere de una inversión de tiempo y dinero el asistir a un evento. ¿Pero qué tan grande es la paga? Enorme.

Permite que te cuente mi historia de cuando tenía 18 años.

Dallas, Texas cambió mi vida.

Cuando comencé en 1994, escuché la frase: "Asiste al próximo evento." El próximo gran evento sería en Dallas, Texas, a un poco más de cuatro horas conduciendo.

No sólo me dijeron que fuera al siguiente evento, sino que me dieron este consejo que cambiaría mi vida:

"Si quieres crecer tu negocio en grande, trae a un nuevo distribuidor contigo al evento."

Pensé, "Perfecto. Debo de conducir hasta allá de cualquier modo, sólo debo de encontrar a alguien en mi equipo que quiera ir.

Fácil. Randy era mi amigo y también un distribuidor. Mientras que él nunca quizo trabajar el negocio tiempo competo como una carrera, amaba la comunidad de amistades y asociaciones positivas.

Así que empacamos el auto y salimos a Dallas. Nuestro primer evento fue increíble. Nos sentimos inspirados, motivados, y llenos de entusiasmo. Esto era definitivamente mejor que aquellos aburridos días en la preparatoria.

En nuestro viaje de regreso de Dallas, todo lo que podíamos decir era lo genial que lo pasamos en el evento. Hablamos sobre los conferencistas, la atmósfera, lo que aprendimos, y los nuevos amigos. Tuvimos bastante de qué hablar y nuestros espíritus estaban en alto.

Adivina.

El próximo evento era a sólo un mes. Supusimos que tendríamos bastante tiempo para llenar múltiples coches con nuevos distribuidores para el evento en puerta.

Ese era nuestro plan maestro. ¿Funcionó? No.

Un mes después, éramos sólo Randy y yo en el coche rumbo a Dallas para el evento.

Por suerte, siempre teníamos un evento en nuestro calendario próximo. Mi negocio comenzó a crecer. Después, ese año en nuestra convención anual, entré al área del comedor y... ¡tenía 65 miembros de mi equipo que asistieron!

Acelera un año más y tenía más de 800 miembros asistiendo a la convención anual. ¿Que si estaba emocionado? Eso sería decirlo ligeramente.

Tener más de 800 miembros en una convención era más grande que mis sueños más alocados para mi primer evento.

Ahora, tomó mucho esfuerzo que 800 miembros del equipo asistieran a la convención anual, pero todo comenzó al dar el compromiso para el primer evento. Y más importante, Randy y yo no renunciamos cuando las cosas no salieron como lo planeado.

¿Y qué hice para que esto sucediera?

Era joven, con mínima o nula influencia. La mayoría de mis amigos y contactos eran jóvenes también. Estaba apenas aprendiendo el negocio poco a poco.

¿Pero mi secreto real?

Promoví eventos.

Cualquiera, joven o viejo, nuevo o veterano, puede promover eventos. Le pedimos a las personas que asistan a un evento. No estarán juzgándonos. En lugar de eso, estarán juzgando al evento. Y es por ello que es tan importante para nosotros construir el valor y la emoción del siguiente evento para ellos.

Nunca sabes a quién conocerás.

Muchos años después, un líder en mi organización organizó su propio evento. ¡Excelente! Cuando el liderazgo se duplica, buenas cosas suceden.

Un asunto, no obstante. Este evento caía en mi aniversario de bodas.

Normalmente esto no sería un problema, ya que mi esposa es un apoyo enorme. Nos gusta asistir a eventos. Pero esta ocasión, teníamos una niña en casa.

¿Debería de quedarme en casa con la familia y celebrar nuestro aniversario, o debería asistir al evento? Bien, podemos hacer una excusa para evitar asistir al evento. Esta excusa debe de ser suficientemente buena para quedarnos en casa.

Sin embargo, algo dentro de mí me dijo que fuera a apoyar a mi equipo. Le prometí a mi esposa que celebraríamos nuestro aniversario antes y después del evento.

Bueno, el fin de semana del evento estuvo grandioso. Ahora, me considero de bajo perfil, abordable, y pegado a la tierra. Pero cuando hablamos en el escenario, algunas personas piensan que somos famosos y difíciles de aproximar.

Y justo antes de salir para tomar mi vuelo a casa, conocí a una distribuidora de nuevo ingreso a mi equipo. Lucía un poco nerviosa al conocerme. Ahora, ella viajó en autobús por 22 horas para llegar al evento. Eso es impresionante. Se dijo a sí misma, "Asistiré a este evento y conoceré a tantos líderes como pueda."

Resultó que vivía cerca de Dallas, Texas. Sí, amo Dallas. Bien, rápidamente nos pusimos en contacto y le dije que le avisaría la próxima vez que tuviese una reunión en el área de Dallas.

Unos pocos meses después la llamé para decir: –Estaré haciendo una reunión en Dallas. ¿Vienes?

Después de una larga pausa, a regañadientes aceptó.

¿Qué ocurrió?

Llegó a la reunión con cuatro distribuidores y ocho invitados. Ella fue la que más invitados trajo de toda la reunión, y fue quien tuvo el aviso más corto de todos los asistentes. No puedo pensar en alguna ocasión cuando yo haya traído ocho invitados a una reunión. Impresionante.

Curioso sobre cómo trajo a ocho invitados, le pregunté cómo lo hizo. Ella respondió: –El tiempo era el correcto. Estaba a punto de renunciar. Por eso me detuve al teléfono cuando me invitaste a venir. Pero después de colgar, me emocioné. Pocas semanas antes mi supervisor en el trabajo me notificó que me puedo retirar antes, o arriesgarme a perder la mayoría de mi ingreso para el retiro.

Unos pocos meses después (las cosas nunca parecen suceder instantáneamente), su negocio despegó. Tenía líderes en su organización, y finalmente encontró a alguien que era más determinado que ella. Ahora su volumen explotó.

En un año, su nueva pierna de líderes estaba generando más de 2 millones en ventas por mes. Qué genial recompensa para alguien que estuvo al borde de renunciar.

¿La lección?

La conocí en un evento.

¿CÓMO PUEDO HACER QUE LOS EVENTOS FUNCIONEN PARA MÍ?

¿Cuáles son algunas de las habilidades que podemos utilizar para llevarnos a nosotros mismos y a otros a los eventos?

#1. Siempre queremos ser los primeros en saber. Piensa en la naturaleza humana. Nadie quiere ser el último en saber. ¿Cuándo se hacen los grandes anuncios? En los eventos. Los eventos no siempre tienen que ser una agrupación física de personas. Seguro que en persona es mejor, pero algunas ocasiones podemos convertir una simple llamada de conferencia próxima en un evento especial.

#2. Promueve al orador del siguiente evento. Entre más importante o mayor conocimiento tenga el orador, más querrá escucharlo el distribuidor o el prospecto. Habla sobre las cualidades del orador, los logros, o las habilidades e información especial que el orador presentará en el evento. Mejor aún promueve la oportunidad de conocer en persona al orador. Podríamos decir: –Aquí tienes la oportunidad de conocer a alguien que podría cambiar tu vida para siempre.

#3. Seamos los primeros en reservar nuestro boleto al siguiente gran evento. Este hábito pone el ejemplo para el resto de los miembros de nuestro equipo. Publica tu boleto para que los demás lo vean. Los miembros de nuestro equipo sentirán nuestro compromiso y verán cómo valoramos nuestra asistencia a los eventos. Queremos liderar con el ejemplo, no con proclamaciones.

¿Duplicación? ¿Qué es lo que queremos que nuestro equipo duplique? ¿Nuestra falta de compromiso? ¿O nuestro compromiso total al próximo evento?

#4. Cuenta las historias de éxito de las personas que asistieron a eventos previos. Comprendemos mejor los conceptos cuando están presentados en historias. Cuando escuchamos sobre otros que sacaron su negocio adelante al asistir a un evento, nos visualizamos en esa historia. Tenemos el sentimiento de que también podemos hacer esto.

A las personas les fascina escuchar historias. Entre más historias geniales contemos sobre los eventos previos, más fácilmente podremos motivar a los demás a hacer el compromiso del siguiente evento.

#5. Haz que cada evento cuente, no importa lo grande o pequeño.

No todos los eventos tienen que ser una conferencia internacional con miles o decenas de miles de distribuidores de varios países. Un evento es simplemente un grupo de distribuidores que quieren salir adelante.

Puede ser una llamada de conferencia, un webinar, una reunión de oportunidad, un entrenamiento el sábado, un rally regional, o hasta una gran convención de toda la compañía.

#6. Recuerda, hay algo en los eventos para todos. Para algunos, el evento significa reconocimiento. Para otros, el evento significa una oportunidad de conocer nuevas personas y disfrutar de la atmósfera.

EL MILAGRO DE DOS FRASES.

Hace muchos años debía grabar un testimonial de 30 segundos para un video sobre el poder de los eventos. 30 segundos definitivamente no es suficiente tiempo para hablar sobre las mecánicas o las actividades para el evento.

Así que tomé una decisión. Apelaría a los cuatro tipos básicos de personalidad al usar dos claras frases. Si no estás familiarizado con los cuatro tipos de personalidad, revisa el libro, *Los Cuatro Colores de las Personalidades para MLM*.

Aquí están las dos frases que usé:

***

"Este es el único negocio donde puedes ganar mucho dinero, ayudar a muchas personas y tener una tonelada de diversión haciéndolo. Simplemente tiene sentido."

***

Ese video hizo que mi negocio explotara. ¿Por qué? Por que había algo en esas dos frases para todos.

¿Cómo puedes apelar a las cuatro personalidades para promover tu evento?

Sólo asegúrate de presionar los "botones calientes" de las cuatro personalidades cada vez que promuevas. Aquí están las palabras clave para todas tus promociones:

1. Fiesta.

2. Dinero.

3. Información.

4. Ayuda.

¿Puedes ver cómo me dirigí a estas cuatro personalidades en esas dos frases? Mira de nuevo.

"Este es el único negocio donde puedes ganar mucho dinero, ayudar a muchas personas y tener una tonelada de diversión haciéndolo. Simplemente tiene sentido."

CREANDO EL HÁBITO DE PROMOCIÓN DE EVENTOS.

Bien. Creemos en los eventos. Sabemos por qué deberíamos promover eventos.

Hagamos un hábito de promover eventos.

Recuerdas las dos frases del capítulo pasado? Bueno, promover eventos no debe de ser un esfuerzo largo que consuma demasiado tiempo. Promover eventos puede ser un hábito semanal de recordar a los demás que el evento se acerca.

¿Qué recuerdan las personas?

Las investigaciones muestran que las personas recuerdan más información al comienzo y al final de nuestra conversación. ¿Qué es lo que significa para nosotros?

Si queremos apalancar nuestros esfuerzos, deberíamos enfocarnos al principio y al final de nuestro mensaje del "evento."

Queremos mencionar nuestro evento en puerta durante estos momentos cruciales.

Piensa en nuestros correos electrónicos, nuestros videos, o el comienzo y final de nuestras conversaciones telefónicas. ¿Qué podemos decirle a los miembros de nuestro equipo para que reconozcan el poder del siguiente evento?

Cuando comencé en redes de mercadeo, me di cuenta de que el líder de mi organización introducía una promoción de evento al principio y final de cada conversación. Por ejemplo, al final de una conversación telefónica él diría:

"Te veo en el próximo evento."

O, podría decir, "Deseo conocerte en persona en el próximo evento."

Me pregunté, "Estoy siendo programado subconscientemente para asistir al evento?" Probablemente.

¿Me hizo sentir que si faltaba al siguiente evento, estaría dejando abajo a mi líder? Probablemente.

Pero si nuestras intenciones son correctas y sabemos que es del interés de nuestro equipo asistir al evento, nuestro equipo siempre ganará al final. Es nuestro trabajo. Queremos ayudar a nuestro equipo a que tenga la mayor probabilidad de éxito.

¿Cuáles son otras frases que podríamos usar?

"No puedo esperar a ver a todos mis líderes el viernes por la noche al comenzar el evento."

"El viernes por la noche será asombroso. Estoy tan emocionado de ver a todos los que tomaron la decisión de estar ahí."

No cuesta mucho promover un evento. Pueden ser sólo unas pocas frases. Pero debemos recordarnos hacer esto con frecuencia. Podemos recordarnos con pequeñas notas amarillas en nuestro escritorio. O tal vez una nota en el espejo retrovisor de nuestro coche. Tal vez podamos fijar un recordatorio en nuestro teléfono para promover el evento.

La vida se mide en experiencias, no en años.

Podríamos decir, "La vida se mide en experiencias. Siempre recordaremos las experiencias increíbles de nuestras vidas. Creemos un recuerdo juntos al asistir a este evento. Será algo que recordaremos por siempre."

¿Qué tal usar algo de reconocimiento?

A las personas les gusta el reconocimiento. No reciben reconocimiento de sus empleos. Algunas ocasiones sus familias olvidan todos los sacrificios que ellos hacen.

¿Por qué no reconocer personas sólo por hacer el simple compromiso de asistir al evento?

Podemos nombrar a las personas que se comprometieron al evento. A las personas les gusta escuchar su nombre. El reconocimiento por asistir al evento es importante. Podríamos decir, "Mucho gusto al saber que John estará en el evento con nosotros. John se afilió la semana pasada, y todos estamos emocionados de conocerlo en el evento."

Muchos miembros del equipo harán más por el reconocimiento. Por ejemplo, podrías anunciar un desayuno especial antes del evento. Esto sería para los miembros del equipo que se comprometieron al evento. O, tal vez un desayuno con los miembros del equipo que tienen por lo menos un miembro de su equipo asistiendo al evento.

Podríamos dar un certificado de logro por traer a alguien al evento. Cuando visito las casas de miembros de mi equipo, me sorprende con gusto ver que muchos todavía conservan colgado en la pared el certificado que les di años antes.

En los eventos más grandes, siempre hay una pausa para comer. Esta es otra oportunidad para reconocer a las personas. Tal vez no queremos pagar su comida, o no podemos costear pagar su comida. Sin embargo, sólo una invitación a la comida hará que las personas se sientan especiales.

Si queremos invertir algo de dinero en nuestro equipo, aquí hay algunos premios que podríamos considerar:

- Pagar los alimentos.
- Pagar el hospedaje.
- Reembolso de tarifas aéreas.
- Un boleto para su pareja.
- Dinero para gastos en el evento.
- Un recorrido en limosina a una salida nocturna.

¿Qué tendría que hacer un miembro del equipo para calificar para uno de estos premios? Aquí hay algunas sugerencias:

- Patrocinar a un nuevo integrante.
- Crear cierto volumen de ventas de menudeo.
- Hacer que uno o más miembros de su equipo asistan al evento.
- Traer algunos invitados a la siguiente junta de oportunidad.
- Realizar una fiesta casera de productos.
- Estar presentes en cuatro llamadas de conferencia consecutivas.

¿Qué hay si queremos invertir más en la promoción?

En un evento, tiré la casa por la ventana dando incentivos a miembros del equipo que avanzaron de rango. Todo lo que debían hacer era subir un nivel en el plan de compensación. Si lograban esto, su avión, hotel, transporte y todos los alimentos estarían cubiertos.

¿Pero qué fue lo que hizo la más grande diferencia?

Agregué dinero para gastos en el evento.

No era mucho dinero para gastar. Pero era en efectivo. A las personas les encanta el sentimiento del efectivo. Es diferente a recibir una tarjeta de obsequio; el efectivo se siente real.

En este evento, fui al banco y saqué billetes de un dólar. Coloqué 100 billetes de un dólar en una torre y los hice rollo. Esto hizo divertido presentar a las personas con rollos de billetes. Todo mundo quería su foto con un rollo de dinero.

Para hacer este evento más memorable, creé un álbum fotográfico personalizado con las fotos de las personas recibiendo el dinero. El álbum de fotos costó menos de $50. El equipo atesoró estos álbumes.

Siempre tendremos nuevos miembros comenzando en sus carreras, pueden estar desesperados por ganar dinero, y encuentran difícil asistir al evento. Podríamos ofrecer un incentivo que pague por todo su evento. Si tienen el deseo, trabajarán duro para lograr este incentivo.

¿Qué tal si no contamos con un presupuesto para promover el evento?

¿Recuerdas el reconocimiento? Podemos ofrecer reconocer a los miembros del equipo que:

1. Sean los primeros para registrarse al evento.

2. Tengan la mayor cantidad de miembros en el evento.

3. Tengan el mayor volumen durante el mes previo al evento.

4. Hayan distribuido la mayor cantidad de invitaciones para el evento.

Podemos dar este reconocimiento en redes sociales, en boletines informativos, en un video, anunciarlo en las reuniones, anunciarlo en las llamadas de conferencia, y demás.

Si la mayoría de nuestro equipo es local, podríamos tener una noche especial de bolos para las personas que ya adquirieron sus boletos para el evento.

Promueve las sesiones de planeación pre-evento.

Al finalizar nuestra llamada de teleconferencia semanal, podríamos decir:

"Al terminar esta llamada, tendremos una llamada especial para todos los miembros del equipo que ya han comprado sus boletos para el evento. Esta llamada de planeación es especial."

Algunos miembros del equipo querrán tener sus boletos ya mismo sólo para estar dentro de esas llamadas pre-evento.

Videos cortos.

Tenemos períodos de atención cortos. Las buenas noticias son que esto significa que nuestros videos pueden ser extremadamente cortos. No nos hace falta un guión largo. Sólo un video simple de 15 o 30 segundos puede ser todo lo que necesitamos para promover nuestro evento.

Hoy en día es fácil tener un video que luzca profesional. No requerimos de un gran estudio o suntuosas instalaciones de producción.

Sólo tomemos nuestro teléfono inteligente y ya estamos en el negocio. Las personas se identifican con nosotros como personas reales incluso en nuestro video amateur. Sólo preocúpate por hacer que el mensaje salga.

¿Un pequeño truco para capturar la atención de las personas?

Al comenzar el video anuncia cuánto durará el video. Por ejemplo: "En los próximos 20 segundos, quiero decirte por qué iré al próximo evento."

La mayoría de las personas pueden aguantar por 20 segundos. Saben que tan largo será nuestro video, no estarán ansiosos, preguntándose cuánto tardará.

En este video, nuestra emoción y pasión se mostrarán. Recuerda, nuestros espectadores notarán señales visuales que les dirán si somos sinceros o no.

Las personas son adictas a lo nuevo.

Piensa en cualquier canal de noticias 24 horas. ¿En qué se enfocan? En lo que sea nuevo. El nuevo drama en el mundo. El último evento. A los canales de noticias les encanta decir que algo es "de último minuto."

¿Las noticias viejas de pronto desaparecieron? No. ¿Las noticias viejas se solucionaron? No. Pero a las personas no les interesan las noticias viejas. Sólo quieren lo nuevo.

La manera más fácil de promover eventos es decir que habrá nueva información. Esto podría ser información nueva sobre los productos, un evento, un viaje de la compañía, un incentivo, etc. A las personas les encanta escuchar nuestras noticias si de hecho son nuevas.

Así que mientras anuncies la próxima llamada de conferencia, puedes decir: "Y tendremos noticias emocionantes durante la llamada." Promover lo más nuevo lo hace más fácil.

Y no prejuzgues. No sabemos qué es lo que motivará a ciertos miembros del equipo a asistir. Algunos van a los eventos por razones emocionales. Otros por razones sociales. Y otros por razones lógicas.

Tal vez nuestra información "nueva" no nos haga ganar dinero inmediatamente.

Sin embargo, la información podría ser el detonante que ayude a un miembro del equipo a hacer el compromiso de asistir al evento.

Recuerda... ahora.

La mayoría de las personas sólo puede ver a corto plazo. Podemos predicar la visión a largo plazo, metas a largo plazo, y sueños enormes, ¿pero para la mayoría? Ellos se preocupan de hoy y tal vez mañana. En sus mentes, el evento está muy en el futuro para ser una preocupación. ¿Cómo podemos ayudarles a ver los beneficios a corto plazo del evento?

Al decirles el sentimiento que tendrán cuando se comprometan al evento. Deja que sepan el sentimiento de anticipación que experimentarán cuando tengan su propio boleto.

O, podemos dejar que nuestro equipo sepa sobre los beneficios inmediatos de participar en las llamadas de planeación pre-evento con los demás miembros.

No olvides lo que hemos logrado.

Cuando estamos en un evento, queremos que todos en nuestro equipo regresen. Queremos construir sobre nuestra base actual de asistentes. ¿Qué podemos hacer para asegurarnos que esto suceda?

Si se anuncia otro evento, queremos asegurarnos de que todos adquieran su boleto de inmediato. Déjales saber que pueden publicar su foto en redes sociales con su boleto al evento. Esto le dará la creencia a los miembros de su equipo sobre el poder de los eventos.

A las personas no les gusta sentir que son "dejadas atrás." Somos criaturas sociales. Queremos sentirnos como parte del grupo. Nuestra emoción sobre nuestro negocio está en su máximo en un evento. Este es un momento ideal para recordarnos de repetir la experiencia.

A las personas les gusta seguir líderes que se mueven. Debemos de ser ese líder.

¿Qué tal si no tengo eventos?

Si nuestra compañía o equipo no tienen eventos, entonces los eventos comienzan con nosotros. Nosotros debemos de dar el primer paso.

Si somos nuevos, tal vez nuestro primer evento es un entrenamiento especial en línea. No hay gasto de nuestra parte. Sólo haremos el esfuerzo personal de promover el evento. No podemos permitir que la falta de eventos nos detenga.

Los eventos pueden ser más importantes para nosotros que para nuestro equipo.

Tengamos en mente que muchos de los miembros de nuestro equipo están de medio tiempo. Tienen vidas ocupadas. Nuestro negocio puede no ser el foco de su día entero. ¿Qué podemos hacer?

Recordarle a nuestro equipo de los eventos en puerta. Es por ello que el hábito semanal de promoción de eventos moverá a nuestros equipos hacia adelante.

NUESTRA LISTA DE HÁBITOS DEL EVENTO SEMANAL.

Una manera no le sirve a todos. Necesitamos escoger un hábito de promoción de eventos que funcione para nosotros.

Aquí hay diez ideas de hábitos que podemos elegir.

1. Entregar volantes del evento a las personas que conocemos. Esto es bueno para hacer que los prospectos asistan a un evento de oportunidad.

2. Promover con un miembro del equipo a la semana para que se una con nosotros en el próximo evento.

3. Colocar una nota en nuestro refrigerador para recordarnos llamar a alguien el viernes para promover el evento.

4. Contar una historia de eventos cada semana a un miembro del equipo.

5. Promover y edificar al orador de nuestro próximo evento con alguien esta semana.

6. En lugar de publicar nuestra foto, publicar una foto de nuestro boleto para el próximo evento en redes sociales.

7. Memorizar y usar "el milagro de dos frases."

"Este es el único negocio donde puedes ganar mucho dinero, ayudar a muchas personas y tener una tonelada de diversión haciéndolo. Simplemente tiene sentido."

Practica con esa frase cada día antes de regresar del trabajo.

8. Cambiar el archivo de firma de nuestros correos electrónicos: "Nos vemos en el próximo evento." Usa esta frase en cada conversación con el equipo.

9. En redes sociales, o en nuestro boletín informativo, publicar y actualizar los nombres de los integrantes del equipo que ya cuentan con sus boletos.

10. Decir a las personas, "La vida es más que repetir el mismo día una y otra vez. Hagamos algo diferente el primer fin de semana del próximo mes. Experimentemos el evento juntos."

¿¿¿NADA MÁS TRES HÁBITOS???

Bueno, seamos realistas. Tomará tiempo crear estos primeros tres hábitos en nuestras vidas. Los hábitos no ocurren de la noche a la mañana. Necesitamos enfoque y repetición.

Pero deberíamos preguntarnos esto: "¿Qué le ocurriría a mi carrera de redes de mercadeo si hiciera permanentes estos tres hábitos?"

Pienso que podemos todos estar de acuerdo en que los resultados serían sobresalientes. ¿Y qué ocurriría si nuestra organización adoptara estos hábitos permanentemente? Estaríamos orgullosos de nuestra organización si ellos:

- Hicieran desarrollo personal cada día.
- Conocieran una persona nueva cada día.
- Promovieran eventos semanalmente.

Ahora tenemos el comienzo de una sólida organización que puede comenzar a duplicarse.

¿Puedo trabajar en hábitos adicionales ahora?

Seguramente. Estos no son los únicos tres hábitos que los empresarios de redes de mercadeo deberíamos de aprender.

Sin embargo, generalmente tenemos mejor éxito al enfocarnos en un hábito a la vez.

Es mejor pasar tres semanas creando un nuevo hábito permanente, que tratar de crear 20 nuevos hábitos simultáneamente.

Puesto que hay tal variedad de metas en redes de mercadeo, habrá muchos hábitos diferentes que queramos desarrollar. Para lo que resta del libro, expandiremos en métodos e ideas adicionales para crear hábitos.

Un método de crear hábitos no encajará con cada persona. Podemos elegir lo que se siente bien para nosotros.

Otro pensamiento sobre las varias maneras de crear nuevos hábitos:

Si el método que eliges para crear tus hábitos te llena de pavor y estrés, considera buscar una manera diferente para crear el hábito que deseas. Es difícil enfocarnos en la repetición cuando odiamos con pasión la actividad.

"Realmente quiero tomar en serio la creación de hábitos."

Hay libros gigantes y pilas de investigación sobre hábitos. Este libro no es parte de la ciencia de la creación de hábitos. Este libro es solamente sobre tres hábitos para comenzar en redes de mercadeo.

Si deseas incursionar más profundo sobre los hábitos, amamos los libros de S.J. Scott. Sus libros expanden sobre una variedad de hábitos diferentes, incluyendo ejercicio. Sus libros son fáciles de leer, y sólo se enfoca en un hábito a la vez.

Adicionalmente aquí hay algunos libros geniales sobre hábitos:

1. *Mini Habits: Smaller Habits, Bigger Results* por Stephen Guise.

2. *The Power of Habit: Why We Do What We Do in Life and Business* por Charles Duhigg.

3. *Los Siete Hábitos de las Personas Altamente Efectivas* por Stephen Covey.

¿LOS HÁBITOS PUEDEN HACER MIS SUEÑOS REALIDAD?

Ah, ese es el secreto.

Sí. Los hábitos regulares nos mueven hacia nuestras metas.

Aquí hay una pequeña estrategia de cinco pasos que hace más fácil lograr nuestras metas.

#1. Elige una meta.

Es difícil apuntar en la dirección correcta si no sabemos hacia dónde vamos. Tener una meta le dice a nuestra mente subconsciente, "Hey, busca oportunidades o recursos que nos puedan ayudar a llegar a la meta."

Por ejemplo, si tienes una mala comida corriendo en tus intestinos, ya tienes una meta fija. Quieres llegar al baño rápido. Esto le dice a tu mente subconsciente que vea cada señalamiento de un baño público. Tu mente subconsciente está al tanto de que ésta es una meta urgente.

#2. Encuentra qué hábito hará que ocurra nuestra meta.

Hagamos un ejercicio de ejemplo.

Trata de hacer una decisión consciente de ir al gimnasio y hacer ejercicio todos los días. Las probabilidades son que fracasemos. Regresamos a casa después de un largo día en el trabajo. El estrés drenó nuestro suministro de fuerza de voluntad. Ahora queremos tomar la decisión de hacer ejercicio en el gimnasio.

Bueno, nuestros viejos hábitos se apoderan. Sujeta-mos el control remoto, un tazón con helado, y nos preparamos para cinco horas de televisión que adormezcan nuestro cerebro.

Eso no va a funcionar. Necesitamos algo más automático.

Así que, en lugar de eso decidimos que subir escaleras, muchas escaleras, hará que el ejercicio suceda en automático. ¿Cómo hacemos esto?

Imagina que vivimos en una casa de dos pisos con sótano. Colocamos nuestra televisión, computadora y oficina en el piso superior, y nuestra comida y snacks en el sótano.

Cada vez que tengamos hambre, deberemos de penosamente recorrer dos pisos de escaleras por un alimento, y dos pisos de escaleras de regreso hacia arriba. Eso es un comienzo.

¿Quieres mejorar esto?

Hacemos una regla de tomar dos vasos de agua cada 30 minutos de televisión o tiempo de computadora. Deshabilitamos el baño de la planta alta y la planta baja, así que el único baño que sirve es el del sótano. Muchos viajes automáticos por las escaleras en nuestro futuro.

Al reacomodar nuestras circunstancias, no tenemos que usar nuestra fuerza de voluntad. Nuestras circunstancias pueden sustituir nuestra fuerza de voluntad. Eso nos da la ventaja.

#3. Agrega algo de motivación por recompensa.

Si tenemos adicción a las galletas de chispas de chocolate, digámonos, "Puedo comer una mordida de galleta cada cinco lagartijas."

¡Vamos a tener brazos enormes!

¿Quieres más diversión?

Entonces planea celebrar tu éxito con otros. La presión grupal nos apoyará a desempeñarnos mejor cuando nos sentimos débiles. No queremos dejar abajo a los demás.

#4. Agrega algo de motivación por castigo.

Si no bajamos las escaleras una vez cada 30 minutos cuando menos, no podremos continuar mirando televisión o usando internet. Un cronómetro de cocina o alarma en la computadora hace que esto sea fácil de implementar

#5. Conoce la razón de nuestra meta.

Si tenemos fuertes razones emocionales, esto se facilita. Por ejemplo, imagina que queremos perder peso para la reunión de ex-alumnos. No queremos usar una carpa para el evento. Pensar en usar una tienda podría facilitarnos subir y bajar esas escaleras todos los días. Hey, quizá hasta podríamos cantar durante nuestros recorridos, "¡No más carpa, no más carpa!"

Las razones lógicas son lindas, pero las razones emocionales son más poderosas.

Cada poco ayuda.

Nuestra meta es hacer que las posibilidades estén de nuestro lado. Queremos tener cada ventaja que podamos cuando creamos un hábito.

Recuerda, los hábitos ocurrirán casi sin esfuerzo, incluso cuando estemos un poco cansados.

Y así es como podemos desarrollar el hábito de éxito que queremos.

¿Y QUÉ HAY DE MI NEGOCIO DE REDES?

Imagina que vamos apenas comenzando, las probabilidades están en nuestra contra.

Primero, tenemos un largo camino hacia y desde casa al trabajo.

Segundo, nuestra esposa quiere que pasemos más tiempo con la familia.

Tercero, no tenemos tiempo de construir nuestro negocio consistentemente debido a que estamos ocupados remodelando la casa también.

Las razones "por qué no podemos hacerlo" lucen abrumadoras.

Pero recuerda esto…

Algunas personas se unirán a nuestro equipo, sólo por que aparecimos.

Anteriormente en este libro, señalamos que de un grupo de 100 personas, cinco nunca se unirán. La sociedad trituró sus espíritus, sus jefes succionaron sus deseos de vivir, y no creen que nada bueno pueda ocurrirles. No hay mucho que podamos hacer aquí.

Pero de esas mismas 100 personas, ¡cinco personas se unirían sólo por que aparecimos! Es el momento correcto en sus vidas para una oportunidad de negocio, y estábamos ahí.

Así que pongamos a trabajar la estrategia de cinco pasos para arrancar nuestro negocio de redes de mercadeo.

#1. Elige una meta.

Esto es fácil. Queremos personalmente patrocinar a cinco personas a nuestro equipo.

#2. Encuentra qué hábito hará que ocurra nuestra meta.

Luce como que debemos de contactar a muchas personas, para que podamos tener conversaciones con 100 personas. ¿Cómo haremos esto?

Debido a nuestras limitaciones de tiempo, esto es lo que decidimos hacer. De camino a casa del trabajo, vamos a detener el auto y llamar a tres personas. Esto puede tomar sólo un minuto si no encontramos a nadie. O, podría tomar 10 minutos si conectamos con una persona de esas tres llamadas. Así que no es mucho tiempo.

En nuestro caso, podríamos evaluar con ellos diciendo: –Hey, estoy cansado de conducir al trabajo todos los días. Quiero comenzar mi propio negocio de medio tiempo y eventualmente trabajar desde la casa. Sólo quiero saber si también te sientes como yo.–

Ahora, eso fue fácil de decir. Podríamos escribir esas tres frases cortas en un pedazo de papel y pegarlo al tablero del coche.

Este sería un hábito fácil de crear. Sólo hacer tres llamadas por teléfono de camino a casa, ¡y ya sabemos qué decir! No hay rechazo ahí. Fácil de hacer.

No nos importa si conectamos con las tres personas o con ninguna. Esto sólo es un pequeño hábito que hacemos todos los días. Con el tiempo, eventualmente hablaremos con 100 personas.

#3. Agrega algo de motivación por recompensa.

Digamos, "Hey, si de hecho conecto con una persona, puedo tomar un latte helado para disfrutar el resto del camino." De esta manera por lo menos trataremos de conectar con una persona, por que nos fascinan los lattes helados. Y quizá hasta hagamos un poco de trampa. Si no conectamos con nadie en nuestras tres llamadas, tal vez hagamos una cuarta. De verdad nos gustan esos lattes helados.

#4. Agrega algo de motivación por castigo.

Digamos, "Si no hago estas tres llamadas, no hay televisión o internet para esta noche." ¡Esto puede ser brutal! ¿Cómo podremos continuar con nuestras vidas si no miramos en Facebook las fotos de lo que comieron nuestros amigos?

#5. Conoce la razón de nuestra meta.

Eso es fácil. Desperdiciamos una hora en el camino al trabajo por la mañana. Perdemos otra hora de regreso por la noche. Esto es mucho tiempo perdido en nuestra vida. El traslado nos hace sentir mal en el estómago.

Antes de hacer nuestras tres llamadas, digamos, "¡Detesto perder tiempo en el tráfico! ¡Traigan los prospectos!"

5 PASOS.

En la estrategia previa de cinco pasos, ¿qué paso es el más importante?

Paso #2: Encuentra qué hábito hará que ocurra nuestra meta automáticamente.

Hacer que este hábito sea fácil es la clave.

Recuerda, comencemos en pequeño con nuestros hábitos. Entre menos fuerza de voluntad se necesite para comenzar nuestro hábito, más grandes serán nuestras probabilidades de éxito.

Siempre podremos incrementar el alcance e intensidad de nuestro nuevo hábito. Pero, hazlo despacio. Permanecer cerca o dentro de nuestra zona de confort significa que seremos más consistentes.

Un cambio de estrategia.

En lugar de enfocarnos en una meta final, nos concentramos en crear un hábito que nos lleve hasta allá… naturalmente.

Las metas son grandes y complicadas en nuestras mentes. Podremos pensar globalmente, pero sólo podemos actuar localmente. La acumulación de hábitos simples hace que las metas sean más fáciles de alcanzar.

Por ejemplo, piensa en una pizza gigante. En lugar de tratar de consumir toda la pizza en una descomunal mordida, comenzamos con una rebanada a la vez. Luego, daremos una mordida a esa primera rebanada de pizza. Luego, otra mordida. Eventualmente, terminaremos con esa primera rebanada y comenzaremos con la segunda rebanada de pizza.

Esto es fácil. ¿Por qué?

Ya hemos dominado el hábito automático de morder y masticar. Todo lo que debemos de hacer es acercar a nuestra boca esa primera rebanada.

Con el tiempo, comeremos toda esa pizza entera.

El simple acto de caminar.

¿Qué hay de otro ejemplo?

Nuestra meta (Paso #1) es caminar por lo menos diez minutos al día. Sí, eso es comenzar con algo muy pequeño, pero debemos comenzar en alguna parte.

Preguntémonos, "¿Qué hábito hará que mi meta ocurra automáticamente?"

Eso es fácil.

Estacionamos nuestro auto a cinco minutos del trabajo. Eso significa que debemos caminar cinco minutos del auto al trabajo, y cinco minutos del trabajo al auto. ¿Tiempo total de caminata? Diez minutos.

Desarrollo personal.

Imagina que deseamos construir una "actitud de gratitud" dentro de nuestra mente subconsciente. ¿Qué podemos hacer para que esto sea casi automático?

Digamos que tomar un café y una rosquilla en la mañana es nuestra parte favorita del día. Todo lo que debemos de hacer es darnos este reto:

"No hay café ni rosquilla hasta que mostremos apreciación o le demos las gracias a alguien hoy."

No queremos perder nuestro café y rosquilla, así que mostramos apreciación o agradecemos a alguien todos los días antes de nuestra pausa para el café. Haz esto una vez por día y pronto tendremos un hábito de toda la vida. El desarrollo personal es fácil con hábitos.

Nuestro nuevo hábito es darle a una persona, a quien sea, un simple cumplido hoy. Dar cumplidos es una manera genial de desarrollar una personalidad más amigable. No tenemos que preocuparnos por rechazos o lastimar sentimientos. Las personas tienen tanto apetito por un cumplido, ¡que la reacción más común ante nuestro cumplido es asombro puro! Los receptores de cumplidos podrán quedarse congelados en su lugar con su boca abierta.

Pero no debemos limitar nuestros cumplidos a sólo las mañanas. Podríamos hacer el hábito de dar cumplidos a lo largo del día.

Podríamos probar algunos pocos cumplidos fáciles tales como:

"Lindo coche. Me gusta el color."

"¿Cuál es esa fragancia que traes puesta? Es muy agradable."

"Genial sugerencia. Comenzaré a usarla inmediatamente."

"Muchas gracias por el _____. Fue muy amable de tu parte."

"Me gusta el modo en que arreglaste tu escritorio."

"Lindo perro. ¿Hace algún truco?"

Después de unas pocas semanas, podemos incrementar nuestros cumplidos a dos por día.

¿Ves qué tan fácil es esto? Pequeñas mordidas, pequeños hábitos, éxitos al 100%.

Conocer una persona nueva por día.

Para hacer que esta meta se logre automáticamente, ¿qué podemos hacer?

¿Qué tal sonreír y decir "Hola" a todos los que nos topamos? Eventualmente, alguien nos dirá "Hola," y comenzaremos una breve conversación. Nosotros sonreímos y decimos "Hola" cada día hasta que tengamos esa primera conversación.

Promover eventos.

Para hacer que esta meta se logre automáticamente, ¿qué podemos hacer?

Imprime algunos anuncios del tamaño de una postal con los datos del próximo evento. Coloca estas tarjetas a la vista, cerca de nuestras llaves. Cada vez que levantemos las llaves por la mañana, tomamos una postal. Mejor aún, podríamos tomar más de una.

Luego, durante el día, asegúrate de darle a alguien la postal con el anuncio mientras comentas sobre nuestro evento próximo.

PERSONAS DIURNAS /
PERSONAS NOCTURNAS.

¿Qué sucede si nuestro nuevo hábito está muy afuera de nuestra zona de confort o nuestra habilidad natural?

Nos rendiremos muy pronto.

Por supuesto que queremos que los cambios masivos ocurran instantáneamente. Pero tratar de cambiar demasiado, demasiado pronto, podría significar un fracaso rotundo.

Necesitamos menos motivación y fuerza de voluntad cuando nuestros nuevos hábitos no requieren cambios masivos en nuestras vidas. Pequeños pasos. Un paso a la vez.

Aquí tienes un ejemplo.

Horario biológico primario.

Tenemos un cierto horario del día que es mejor para nosotros. Le denominamos a esto nuestro "horario biológico primario." Las cosas son más fáciles durante este momento del día. La motivación sucede naturalmente.

Deberíamos preguntarnos, "¿Cuál es mi horario biológico primario?

Personas de la mañana.

Algunas personas son naturalmente "personas de la mañana." Se levantan felices. Sintiéndose bien. Tienen energía para quemar. Su cerebro libera químicos para sentirse bien desde el momento en que abren sus ojos hasta temprano al anochecer. Entonces se estrellan.

¿Somos personas de la mañana?

Si lo somos, ¿por qué no intentar hábitos nuevos en la mañana cuando estamos en nuestro mejor momento? Podríamos hacer ejercicio, escribir nuestras metas, leer libros, organizar nuestra oficina… ¡mientras nos sentimos fabulosos!

¿Por qué no unirte a una de esas organizaciones que hacen desayunos de referidos temprano por la mañana? Podríamos hacer eso cinco días por semana, ¡o tal vez seis días por semana!

¿Qué podemos hacer por la noche cuando ya no tenemos más fuerza de voluntad ni energía? Podemos hacer tareas menores de administración o cepillar nuestros dientes antes de colapsar sobre la cama.

Personas de la noche.

¿Somos personas de la noche?

¿Quieres deprimirte? Todo lo que tenemos que hacer es fijar una meta de ejercicio para la mañana. Utilizaremos el suministro de fuerza de voluntad del día completo sólo para hacer que esto ocurra. Las mañanas son nuestro tiempo para tareas sin importancia. Pueden requerirse varias tazas de café antes de que estemos conscientes.

¿Y en las noches? Llamadas telefónicas, reuniones, planificación del día siguiente... este es nuestro mejor horario para pensar y ejecutar. Si queremos desarrollar un nuevo hábito, ¿por qué no elegir un hábito nuevo que encaje dentro de nuestro calendario nocturno mientras nos sentimos geniales?

Si somos búhos nocturnos, podemos llamar a prospectos en zonas horarias diferentes. O comenzar una llamada de conferencia semanal para entrenar a las demás "personas nocturnas" en nuestro grupo.

HAZ EL HÁBITO DE CREAR VALOR PARA LOS DEMÁS.

¿Por qué las personas se rehusan a regresar nuestras llamadas telefónicas? Después, cuando los vemos, crean una lista de excusas por qué no pudieron respondernos.

¿Pero cuál es la razón real por la que se rehusan a regresar la llamada?

Debido a que no sintieron que estemos agregando valor a sus vidas. Nos perciben como "tomadores," sólo interesados en lo que podemos obtener para nosotros. Por ejemplo:

- Queremos que se unan a nuestro negocio para así poder ganar dinero.
- Queremos que compren nuestros productos para ganar más comisiones.
- Queremos que nos envíen los nombres de sus amigos para que puedan beneficiar nuestro éxito personal.
- Queremos que asistan a nuestra reunión para tener más sillas ocupadas.
- Queremos que organicen una reunión con sus amigos para que podamos venderles más productos y servicios.

Nuestros amigos y contactos son sólo humanos. Nosotros también actuamos así. No queremos hablar más con personas que percibimos como "tomadores."

¿Hay alguna otra manera?

Por supuesto. En lugar de ser un "tomador," podríamos convertirnos en un "dador." La gente ama a los "dadores" por que los "dadores" **agregan** valor a las vidas de otros.

Ahora estamos más interesados sobre el bienestar de nuestro prospecto de lo que estamos sobre nuestro propio bienestar personal. Esto significa que constantemente buscaremos recursos para mejorar la vida de nuestros prospectos.

Aquí hay algunos ejemplos fáciles de recursos que podemos pasar a los demás.

#1. Quizá la fotografía de nuestro prospecto aparece en el diario local hoy. ¿Por qué no hacer un recorte y enviársela? Muchas personas quieren tener una colección de fotos que les recuerden de sus logros.

#2. Enviar a nuestro prospecto un artículo especial que se relaciona a la pasión o al pasatiempo del prospecto.

#3. Notificar a nuestro prospecto de una oferta especial.

#4. Notificar al prospecto sobre una conferencia especial que llegará a su ciudad.

#5. Compartir el consejo más reciente para ahorrar impuestos.

#6. Recomendar el mejor doctor, dentista o especialista de cuidado de jardines.

#7. Dejar que los demás sepan que tu prospecto está vendiendo su casa. Correr la voz.

#8. Preguntar a tu prospecto si su hija venderá galletas para recolectar fondos de nuevo este año.

#9. Poner a tu prospecto en contacto con un nuevo amigo que tenga intereses o pasiones similares.

#10. Ofrecer ayuda para la mudanza de tu prospecto.

¿Tienes la idea? Proveer valor es sólo ser un amigo. Eso es lo que hacen los amigos. Todos le dan la bienvenida a un "dador" tan pronto él o ella ingresa en el cuarto. Todos suspiran de alivio cada vez que un "tomador" sale del cuarto. Eso es una pista. Agregar valor a las vidas de otras personas no sólo es bueno para el negocio, sino que también es parte de convertirnos en una mejor persona.

¿Podemos hacerlo un hábito?

¿Por qué no? ¿Qué tal si nos salimos de nuestro camino todos los días para entregar más valor a una persona, dos personas, o incluso tres personas? Algunos cambios interesantes ocurren.

Primero, nuestra actitud personal sobre nuestro negocio cambia. Comenzamos a sentir que nuestro negocio le aporta valor a la vida de otras personas.

Segundo, tenemos más amistades. A las personas les encanta unirse y apoyar a sus verdaderos amigos en sus negocios.

Tercero, miramos nuestro medio ambiente de forma distinta. En lugar de ver los lugares y las cosas desde nuestro egoísta punto de vista, buscamos el valor en todo lo que vemos. Nuestra perspectiva del mundo cambia. Vemos las oportunidades y los recursos en todas partes. Este cambio de mentalidad nos ayuda con la creencia personal de que el mundo provee recursos ilimitados para nuestro uso. Sólo necesitamos abrir los ojos y observar.

¿Cuáles serían buenas preguntas que nos ayuden a recordar agregar valor?

"Antes de enviar este correo electrónico, ¿este correo contiene además algo que beneficia al lector?"

"Antes de hacer esta llamada, ¿tengo por lo menos un consejo o recurso que pueda compartir con la persona que hablo?"

"Antes de aproximarme a estos prospectos en frío, ¿tengo algo de valor que les pueda dar sin importar su interés en mi negocio?"

Haz el hábito de hacerte estas preguntas antes de interactuar con prospectos. Construimos carácter. Nos sentimos mejor. Nuestros prospectos se sienten mejor.

Con el tiempo, nuestro negocio reflejará los resultados de este hábito.

MEJORAR NUESTRAS ASOCIACIONES Y AMBIENTE.

Las asociaciones son una muleta. Una buena muleta. Nuestros alrededores nos influencian. Si nos rodeamos de nuestros viejos amigos de la preparatoria que fuman y beben, hay una buena posibilidad de que adquiramos estos hábitos.

Nos reunimos en torno a la cafetería con los negativos compañeros de trabajo. Si se quejan de todo, podríamos tomar una vista negativa del mundo.

¿Pero qué tal si nos asociamos con personas que comen comida saludable? ¿O qué tal si nos reunimos con personas que se ejercitan diariamente? Por supuesto que sería más fácil crear este nuevo hábito.

¿Quieres un poco de ayuda o impulso para crear un nuevo hábito? Entonces deberíamos asociarnos con personas que ya practican ese hábito.

Jake Peña tiene un gran dicho, "Si te reúnes con cuatro personas quebradas, te garantizo que serás la número cinco."

El Príncipe del Bel-Air.

En los 90s, hubo un show llamado *El Príncipe de Bel-Air*. El principal personaje, Will, vivía en un vecindario problemático. Fue enviado con sus parientes a miles de kilómetros cruzando Estados Unidos. Vivir en Bel-Air era un mejor medio ambiente. Eventualmente Will cambió sus hábitos y sus acciones y se hizo más positivo.

¿Tenemos que mudarnos a un mejor vecindario para mejorar nuestros hábitos y vidas? Por supuesto que no. Pero una mudanza a un medio ambiente más positivo lo hizo más fácil para Will.

En cada vecindario hay personas que buscan mejorarse a sí mismas. ¿Por qué no localizar a estas personas y asociarnos con ellos? No se trata de dónde estamos, sino a dónde nos dirigimos lo que importa. Busca personas que estén viajando en la misma dirección que queremos llevar.

Es por eso que los eventos son geniales. Nos rodeamos con personas que van en la dirección que deseamos ir. Pero no estamos en un evento 24 horas al día, siete días por semana. ¿Qué es lo que haremos cuando lleguemos a casa?

Mejoraremos nuestras asociaciones. Queremos hacerlo fácil para cambiar nuestros hábitos.

EL HÁBITO DE MORDERSE LA LENGUA.

El hábito de escuchar es difícil de dominar. Dos problemas principales:

1. Queremos hablar. Siempre buscamos una pausa donde podamos tomar control sobre la conversación. Después de todo, lo que queremos decir es tan, tan, pero tan importante. Eso significa que no estamos escuchando las palabras de nuestro interlocutor. Eso genera malos entendidos.

2. No procesamos el mensaje detrás de las palabras. Nuestras mentes están ocupadas organizando y recordando lo que queremos decir a continuación. No hay espacio en nuestra mente para escuchar o descifrar el mensaje real de nuestro interlocutor.

Mientras que hay incontables libros y cursos sobre cómo escuchar, nosotros podemos comenzar el hábito de escuchar mejor. Entre más practiquemos, mejor será nuestro hábito.

¿Cuál es la recompensa?

¿Quién es más agradable para la gente? ¿Una persona que habla demasiado, o una persona que escucha? Sí, todos aman a un buen escucha.

Ahora, si somos tímidos, ¡ya tenemos ventaja! Tal vez estemos pensando, "Me pregunto qué decir a continuación. No quiero lucir torpe. ¿Me juzgarán por lo que quiero decir?"

Pero, mientras estamos pensando esto, nuestro interlocutor está impresionado. ¿Por qué? ¡Por que piensa que estamos escuchando!

El primer secreto para escuchar es no hablar. Aquí hay una solución fácil que nos hará lucir mucho más inteligentes de lo que tal vez seamos.

Primero, cierra tu puño derecho.

Segundo, coloca tu puño cerrado bajo tu mentón, y presiona hacia arriba.

Esto mantiene cerrada nuestra boca. Adoptamos la apariencia de un profundo pensador, examinando la suprema inteligencia de nuestro interlocutor.

USAR "SI" Y "ENTONCES" PARA CREAR HÁBITOS.

Heidi Grant Halvorson escribe sobre usar "si" y "entonces" para activar la acción sobre nuestro nuevo hábito. Simplemente nos decimos: "Si esto ocurre, entonces haré esto después."

¿Recuerdas nuestro primer hábito? Nos levantamos y de inmediato comenzamos a reproducir algunos audios de desarrollo personal. Ello activa el hábito de cepillar nuestros dientes, lo que activa el hábito de hacer sentadillas mientras nos cepillamos. Después de un rato estos hábitos se convierten en parte natural de nuestra rutina.

Los programas de computadoras usan la rutina "si-entonces." Si esto ocurre, entonces automáticamente haces esto. Aquí hay algunos ejemplos que podemos usar:

- Si como un postre muy grande, entonces saldré a caminar 15 minutos.
- Si debo de prepararme para el trabajo, entonces escucharé mi audio de desarrollo personal.
- Si son las 7:00 pm, entonces haré 20 minutos de llamadas de prospección.
- Si es lunes, entonces publicaré algo nuevo en redes sociales.

- Si es hora de ir a la cama, entonces haré una lista de tres cosas que debo hacer para mañana.

Usar "si-entonces" activa una acción para nuestro nuevo hábito. Esto es útil para que no olvidemos nuestros hábitos actuales. Todos necesitamos recordatorios. Sólo piensa en esta técnica "si-entonces" como un reloj despertador automático.

MÁS IDEAS Y CONSEJOS PARA AYUDARNOS A CONSTRUIR NUEVOS HÁBITOS.

De nuevo, elige cuáles consejos se sienten bien para ti. Queremos el resultado –crear un nuevo hábito. Los métodos o consejos que usemos para llegar ahí pueden ser diferentes para todos.

El consejo de Jerry Seinfeld.

Cuando Jerry estaba construyendo su carrera, fijó una meta de escribir chistes todos los días. Cada día que escribía, marcaba con una "X" gigante el día en el calendario.

¿Podríamos usar esto en nuestro negocio?

Consigue un calendario de todo el año y colócalo en tu pared. Imagina que fijamos una meta de hablar con una persona nueva al día. Todas las noches marcamos con una "X" sobre ese día en nuestro calendario.

No queremos romper la cadena. Entre más días consecutivos hagamos esto, peor nos sentiremos si rompemos la cadena.

Nada como un poco de motivación externa para mantenernos en movimiento.

¿Pero qué tal si fallo? ¿Qué tal si pierdo un día?

No entres en pánico. No es el fin del mundo. Estamos desarrollando un hábito. Para prevenir nuestros malos sentimientos, revisemos nuestra definición de hábito. Habíamos descrito un hábito como, "Algo que hacemos la mayoría del tiempo."

Así que si no hicimos nuestras llamadas un día, o nos salimos de la dieta un día, no nos castiguemos. Todos han fallado en cepillar sus dientes por lo menos una ocasión.

En lugar de eso, sólo marca el incidente como el día que no hicimos nuestro hábito normal. Esto hará que sea fácil poder continuar construyendo nuestro nuevo hábito sin sentirnos culpables.

La presión de tu pareja.

Podemos hacer que nuestra pareja se involucre y sienta la emoción sobre nuestro negocio al celebrar pequeños logros. Por ejemplo, cada semana que hagamos 20 llamadas telefónicas de seguimiento, lo celebramos saliendo a cenar la noche del viernes.

Si nuestra esposa está esperando la cena del viernes por la noche, y no hemos hecho nuestras 20 llamadas de seguimiento, ¿adivina quién nos podría dar una enérgica charla?

Este pequeño hábito de celebrar pequeños logros puede mantenernos en el camino para construir nuestro negocio.

Seguimiento.

Escoge un número. Digamos que estamos en el negocio muy de medio tiempo y sólo contamos con unos pocos minutos a una hora por día para construir nuestro negocio. En este caso, nuestro número podría ser "1" –el número de prospectos con los que haremos seguimiento cada día.

No todos se unirán en la primera exposición a tu negocio. Algunos se toman su tiempo para pensar. Otros tienen obligaciones que los presionan más. Otros deben de desarrollar la mentalidad de conducir su propio negocio.

Acumulamos muchos de estos prospectos mientras más tiempo estamos en el negocio. El seguimiento es necesario. Debemos llegar a ellos para recordarles sobre nuestra oportunidad. Sus vidas son muy ocupadas. Algunas veces olvidan pensar sobre a dónde se dirigen.

¿El seguimiento es difícil? No. Podría ser simple. Algunos ejemplos:

1. Un simple mensaje de texto que diga, "Hola. Espero que todo esté bien."

2. Enviar al prospecto un enlace sobre un artículo interesante.

3. Preguntar al prospecto si ya ha probado la muestra gratuita.

4. Dejar que el prospecto se entere sobre un orador importante o un evento.

Oh, espera. ¡Ahora es tu turno!

El propósito de este libro es crear tres simples hábitos y ponerlos en uso en nuestro negocio.

Pero tal vez quisieras saber más sobre el poder de los hábitos. Así que, asegúrate de revisar los libros que mencionamos anteriormente. La ciencia de los hábitos es fascinante, y el poder de los hábitos puede transformar nuestras vidas.

Pero por ahora, vamos a concentrarnos en crear los tres hábitos para empresarios de redes de mercadeo:

1. Desarrollo personal.

2. Conocer una persona nueva al día.

3. Promover eventos.

Después, cuando nuestros tres hábitos básicos sean automáticos. Podemos expandir dentro de más hábitos para mejorar nuestras vidas.

¡Diviértete desarrollando nuevos hábitos!

AGRADECIMIENTO.

Gracias por adquirir y leer este libro. Esperamos que hayas encontrado algunas ideas que te servirán.

Antes de que te vayas, ¿estaría bien si te pedimos un pequeño favor? ¿Tomarías sólo un minuto para dejar una frase o dos como comentario en línea de este libro? Tu opinión puede ayudar a otros a elegir qué leer a continuación. Sería de gran ayuda para muchos otros lectores.

Viajo por el mundo más de 240 días al año.
Envíame un correo si quisieras que hiciera
un taller "en vivo" en tu área.

→ BigAlSeminars.com ←

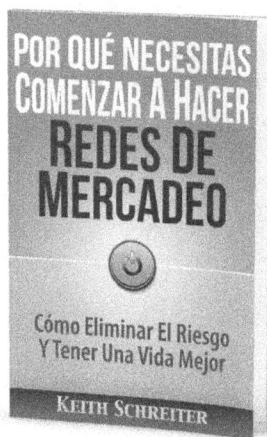

¡OBSEQUIO GRATIS!

¡Descarga ya tu libro gratuito!

Perfecto para nuevos distribuidores. Perfecto para
distribuidores actuales que quieren aprender más.

→ BigAlBooks.com/freespanish ←

Otros geniales libros de Big Al están disponibles en:

→ BigAlBooks.com/spanish ←

MÁS LIBROS EN ESPAÑOL

BigAlBooks.com/Spanish

Crea Influencia: 10 Maneras de Impactar y Guiar a Otros
La influencia nos da el poder de afectar a otros y a nuestro mundo.

¿Por Qué Mis Metas No Funcionan?
Establecer objetivos que funcionen para nosotros es fácil cuando tenemos pautas y una lista de verificación.

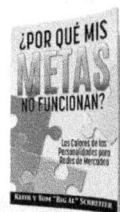

La Historia de Dos Minutos para Redes de Mercadeo
Los prospectos disfrutan de historias cortas. Contar historias reduce nuestros niveles de estrés debido a que las historias son fáciles de recordar.

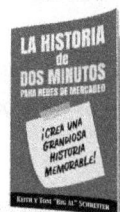

Guía de Inicio Rápido para Redes de Mercadeo
¿Te paraliza el miedo? ¿No puedes comenzar? ¡Nunca más!

Pre-Cierres para Redes de Mercadeo
Decisiones de "Sí" Antes de la Presentación

Cierres para Redes de Mercadeo
Cómo Hacer que los Prospectos Crucen la Línea Final.

Los Cuatro Colores de Las Personalidades para MLM
El Lenguaje Secreto para Redes de Mercadeo

Cómo Construir Tu Negocio de Redes de Mercadeo en 15 Minutos al Día

La Presentación de Un Minuto
Explica Tu Negocio de Redes de Mercadeo Como un Profesional

Ventas al por Menor para Redes de Mercadeo
Cómo Conseguir Nuevos Clientes para Tu Negocio en MLM

Motivación. Acción. Resultados.
Cómo Los Líderes En Redes De Mercadeo Mueven A Sus Equipos

51 Maneras Y Lugares Para Patrocinar Nuevos Distribuidores
Descubre Prospectos Calificados Para Tu Negocio De Redes De Mercadeo

Rompe El Hielo
Cómo Hacer Que Tus Prospectos Rueguen Por una Presentación

¡Cómo Obtener Seguridad, Confianza, Influencia Y Afinidad Al Instante!
13 Maneras De Crear Mentes Abiertas Hablándole A La Mente Subconsciente

Primeras Frases Para Redes De Mercadeo
Cómo Rápidamente Poner A Los Prospectos De Tu Lado

La Magia De Hablar En Público
Éxito Y Confianza En Los Primeros 20 Segundos

MLM de Big Al la Magia de Patrocinar
Cómo Construir un Equipo de Redes de Mercadeo Rápidamente

Cómo Prospectar, Vender Y Construir Tu Negocio De Redes De Mercadeo Con Historias

Cómo Construir LÍDERES En Redes De Mercadeo Volumen Uno
Creación Paso A Paso De Profesionales En MLM

Cómo Construir Líderes En Redes De Mercadeo Volumen Dos
Actividades Y Lecciones Para Líderes de MLM

Cómo Hacer Seguimiento Con Tus Prospectos Para Redes De Mercadeo
Convierte un "Ahora no" En un "¡Ahora mismo!"

COMENTARIO DEL TRADUCTOR

Ha sido un placer para mí traducir este libro para los lectores en español. *3 Hábitos Fáciles*, hace más simple construir tu negocio. Me ofrecí para traducir este libro ya que los hábitos aquí mostrados han funcionado tan bien para mí, que deseaba compartirlos con otros.

Todas las ideas y conceptos de este libro han sido probados por miles de empresarios de redes de mercadeo alrededor del mundo. Conoce y aplica los mejores métodos para crear, desarrollar y fortalecer hábitos nuevos que te ayuden a ti y a tu organización a crecer en automático.

Así que deja atrás la frustración, el rechazo, el miedo, las dudas y la desesperación. Simplemente usa estos hábitos para que tu negocio se mueva hacia adelante, cada día.

Gracias por soltar viejos patrones de pensamiento y creer que hay una nueva manera de construir tu negocio de redes de mercadeo rápidamente, sólo aprende nuevas habilidades para construir un negocio estable, divertido y redituable de la manera correcta.

Deseo grandes cheques para ti y tus socios.

—Alejandro G.

SOBRE LOS AUTORES

Keith Schreiter tiene más de 20 años de experiencia en redes de mercadeo y multinivel. Keith le muestra a los empresarios de redes de mercadeo cómo usar sistemas simples para construir un negocio estable y en expansión.

¿Necesitas más prospectos? ¿Necesitas que tus prospectos se comprometan en lugar de estancarse? ¿Quieres saber cómo enganchar y mantener activo a tu grupo? Si éste es el tipo de habilidades que te gustaría dominar, te encantará su estilo de cómo hacerlo.

Keith imparte conferencias y entrenamientos en Estados Unidos, Canadá y Europa.

Tom "Big Al" Schreiter tiene más de 40 años de experiencia en redes de mercadeo y multinivel. Es el autor de la serie original de libros de entrenamiento "Big Al" a finales de la década de los 70s, continúa dando conferencias en más de 80 países sobre cómo usar las palabras exactas y frases para lograr que los prospectos abran su mente y digan "SI".

Su pasión es la comercialización de ideas, campañas de comercialización y cómo hablar a la mente subconsciente con métodos prácticos y simplificados. Siempre está en busca de casos de estudio de campañas de comercialización exitosas para sacar valiosas y útiles lecciones.

Como autor de numerosos audios de entrenamiento, Tom es un orador favorito en convenciones de varias compañías y eventos regionales.